Chers lecteurs

Voici le récit d'une année de ma vie
où j'ai rencontré l'innommable.
En tout événement, il y a un sens.
Pour y accéder, nous avons besoin
de reconnaître qui nous sommes.
Côtoyons notre divinité, pour vivre
notre humanité !

Que la lecture de cet ouvrage,
vous soit une source d'inspiration

Avec Amour

Derrière le rideau

www.quebecloisirs.com

UNE ÉDITION DU CLUB QUÉBEC LOISIRS INC.
© Avec l'autorisation de GROUPE HOMME INC. faisant affaire sous le nom de
Les Éditions de l'Homme
© 2011, Les Éditions de l'Homme, division du Groupe Sogides inc., filiale du
Groupe Livre Quebecor Media inc. (Montréal, Québec)
Tous droits réservés

Dépôt légal — Bibliothèque et Archives nationales du Québec, 2011
ISBN Q.L. : 978-2-89666-114-5
Publié précédemment sous ISBN : 978-2-7619-3075-8

Imprimé au Canada

Marie Lise Labonté

En collaboration avec Julie Côté

Derrière le rideau

À vous deux, Christine et Jean-Guy,
merci pour votre courage.

Avant-propos

Chères lectrices, chers lecteurs, vous trouverez dans ce livre un pan de mon histoire. Une année de ma vie où j'ai eu cette sensation de tout perdre, où j'ai rencontré l'horreur et la grande beauté, où j'ai laissé aller, souvent malgré moi, ce que je connaissais pour m'ouvrir à l'incommensurable, où je me suis laissé guider plutôt que de me battre. Cette année-là, je l'ai gardée secrètement dans mon cœur, mon corps et mon âme. Jusqu'au jour où un journaliste a osé pénétrer par ses questions habiles cette tranche de mon histoire personnelle. Fasciné, il m'a aidée à mettre au monde ce que je vais vous raconter.

Par ce récit, vous allez pénétrer dans ma vie, au cœur d'un drame qui s'est déroulé le 24 décembre 2000. Aux petites heures du matin, nous étions quatre dans une propriété de la République dominicaine, où nous avons rencontré la mort. Mon mari a pris sa main et, avec elle, a quitté la vie. Ma nièce Julie et moi lui avons fait face et avons senti dans nos cellules ce moment où tout peut basculer. Mais la mort nous a rejetées ; nous n'avons rencontré d'elle que son mystère et son infinie beauté. La quatrième personne était le voleur armé d'un revolver. Cet homme, à cause de circonstances inhabituelles, s'est transformé, durant quelques secondes, en meurtrier. Il avait le pouvoir de nous donner la mort et il l'a exercé.

Quatre personnes dont le destin a basculé. Une histoire, comme beaucoup d'autres : un vol qui tourne mal, un homme en meurt, il y a des survivants, un meurtrier est recherché par la police. Vous pouvez penser qu'il n'y a rien de plus banal, que ce drame peut se produire dans n'importe quel pays du monde. Rien de plus triste pour cette femme qui a perdu son mari dans cette violence. Rien de plus fatal pour sa nièce qui, ayant oublié sa clé, permet ainsi au voleur d'entrer facilement dans la maison.

En fait, il y avait aussi une cinquième personne, mon neveu Philippe, le frère de Julie. Mais, ayant fait une conquête de vacances, il dormait dans les bras de sa belle et a pu ainsi échapper à cette rencontre mortelle. Rien de plus culpabilisant pour ce frère que de vivre avec les « si ». Si j'avais été là… j'aurais peut-être pu empêcher ce drame…

Le fils de mon mari a perdu un père, sa mère a perdu un fils ; ma sœur aurait pu perdre ses enfants ; ma mère a perdu son gendre et aurait pu perdre sa fille ; la famille du tueur a vu sa vie basculer ; et la petite communauté des Blancs du complexe touristique a été bouleversée. Bref, beaucoup de personnes ont souffert de ces événements.

Il y avait aussi une petite ville de la côte nord-est de cette île des grandes Antilles qui ignorait qu'elle avait en son sein un homme capable de tuer un citoyen blanc connu et aimé de tous.

Il y avait aussi toute la République dominicaine, aimée des touristes, où il fait si bon vivre que beaucoup d'étrangers s'y installent à demeure. Une île qu'on a bien vite qualifiée de mauvaise, de dangereuse, qui a vu sa réputation ternie.

Je pensais que tout cela était banal, qu'il valait mieux ne pas trop en parler, garder dans l'intimité de mon monde intérieur cette histoire bouleversante. Puis, un après-midi du mois de novembre 2008, dans un des salons de l'hôtel Hilton du centre-ville de Montréal, un journaliste m'a poussée à révéler mes secrets. Devant ses regards pleins d'étonnement, j'ai compris que je détenais la clé d'un trésor, et qu'il était temps de le livrer à la lumière, pour moi et pour les autres.

Eh oui! Cette histoire est un roman policier, fertile en émotions et en soubresauts, qui peut nous aider à comprendre comment cinq personnes de cultures différentes, d'âges différents, venus d'horizons divers, peuvent, du jour au lendemain, dans des circonstances exceptionnelles, devenir les acteurs d'un drame qui influencera le cours de leur vie, mais aussi tout un système familial, l'histoire d'un ghetto, d'un village, d'une société et d'une culture.

Je me suis alors engagée à raconter cette histoire, mais j'ignorais que, au fur et à mesure de mes recherches pour étayer mon récit, je découvrirais d'autres aspects de la vie du meurtrier, du complot qui se tramait, de l'onde de choc qui s'était propagée dans mon environnement familial et social. Tout cela m'a fait grandir et m'a apporté une vision plus vaste. J'aurais pu cesser maintes fois l'écriture de ce récit, d'ailleurs j'ai parfois hésité, de peur de susciter des jugements sur la réalité des faits. Heureusement, j'ai été aidée grandement par mon éditeur et par mon engagement personnel envers mes valeurs morales.

Ce livre est différent des essais que j'ai publiés à titre de psychothérapeute. *Derrière le rideau* peut ressembler étrangement à un roman, mais le langage direct exprime le vécu. D'ailleurs, chaque chapitre est précisément situé dans l'espace et le temps, d'où mon idée de toujours identifier le lieu de l'action, d'en indiquer la date et l'heure. En outre, ce livre fut écrit avec la collaboration de ma nièce, Julie Côté, qui fut profondément impliquée dans l'expérience du 24 décembre 2000. Artiste, cinéaste, son langage est très différent du mien. Pour singulariser son récit, nous avons mis en italiques les passages qui sont de sa plume.

Tout au long du livre, à travers notre regard, notre perception, vous suivrez l'évolution du drame. Le récit est parsemé de retours en arrière qui relient l'expérience du choc à des événements du passé. Car une épreuve qui percute brusquement une vie n'est pas sans racines. Elle est un lien mystérieux avec des dimensions encore non révélées de nous-mêmes. Il me fut possible de puiser, au cœur de cette souffrance imposée, les liens profonds de mon histoire. Ce meurtre aurait pu me détruire, mais il m'a réunifiée. Dans cette rencontre avec l'inimaginable, j'ai utilisé plusieurs outils qui ont été, tout au long de ma route, des phares. *De la vie et de la mort*, du maître Krishnamurti, fut mon livre de chevet. Des périodes de méditation et de contemplation se sont imposées d'elles-mêmes. L'usage de la visualisation, de la méthode de libération des cuirasses dont je suis la créatrice, le dialogue avec mon inconscient par les rêves, et la méthode jungienne de l'imagination active ont été d'un grand secours pour comprendre mon monde intérieur. La tenue d'un journal intime m'a permis d'éviter les grands submergements de tristesse et de désespoir qui épuisent le système immunitaire. Et j'ai été constamment accompagnée par la voix de mon âme, cette voix intérieure qui m'a guidée pour me sortir de l'horreur. Tous ces outils ont été des portes de communication avec le monde intérieur, car vivre un tel choc nous amène aux limites de l'être, où la vie et la mort se côtoient.

L'ultime outil fut l'amour, l'amour envers moi-même, antidote à l'implacable culpabilité, et l'amour de ceux et celles qui m'ont accompagnée : famille, amis, participants à des séminaires, lecteurs, éditeurs ; et aussi des inconnus, tels des chauffeurs de taxi, des voyageurs rencontrés dans un train, dans un avion, qui, sans le savoir, m'ont écoutée et m'ont transmis leur sagesse. À tous, je vous dis merci !

Ce ne sont pas les outils qui guérissent de toutes les épreuves, c'est vous, c'est moi, c'est la rencontre avec notre âme dénuée de fioritures, dénuée de voiles qui entravent la libre communication avec soi.

De derrière le rideau, je suis sortie, et c'est ce que je veux partager avec vous.

Merci !

*Étrangement, ce moment d'éveil à l'horreur nous est souvent
annoncé bien avant qu'il se produise par des rêves,
des intuitions ou des prémonitions. L'épreuve est souvent
précédée d'une annonciation[1].*

---

1. Marie Lise Labonté, *Le choix de vivre*, publication canadienne aux Éditions de l'Homme, septembre 2010. *Le point de rupture*, publication européenne chez Albin Michel, octobre 2010.

CHAPITRE 1

Tapi dans la nuit

Los Peñascos, République dominicaine,
le 24 décembre 2000, minuit

Tapi à l'intérieur d'une *cassita*, le Balsero attend. Les phares de la voiture ont failli le surprendre. Il observe les silhouettes qui sortent de la camionnette. Son informateur lui a donné de bonnes indications : la fille est avec un homme.

Ici, il n'a pas trouvé d'argent. Pourtant, ce fut facile ! Sous une simple pression, la porte a cédé. Un ordinateur, des bijoux, des parfums et des vêtements de femme : ce n'est pas ce dont il a besoin. Il lui faut du *cash*, tout de suite. La crosse de son revolver le rassure. Il est équipé pour voler.

Il a tout de même pris le collier de perles, une robe et du parfum pour sa femme. Beaux cadeaux de Noël.

Maintenant, il sait que les Américains vont bientôt se coucher. Il a entendu le rire de l'homme et cela l'a rendu encore plus furieux. Les nantis s'amusent et lui, il n'a plus rien. Il a tout perdu.

Caché, il rumine sa colère. Il sait qu'il devra agir uniquement au moment propice.

Comme un animal rusé, le Balsero parcourt les 50 mètres qui séparent la *cassita* de la maison. Il prend le temps de s'arrêter pour tendre l'oreille. Il entend les gens sortir de la piscine et entrer dans une pièce. Il imagine leurs gestes. Il élabore son plan.

Ce soir de pleine lune n'est pas l'idéal, mais il sait qu'il ne doit pas rater cette occasion : à Noël, les étrangers ont toujours beaucoup d'argent. Cette nuit, il ira visiter plusieurs villas.

Silence. Ils dorment. Le Balsero se glisse le long de l'édifice principal. La porte-fenêtre d'une chambre est fermée. Parvenu sur la terrasse, il aperçoit une autre porte entrouverte. C'est son cadeau de Noël !

Il entre furtivement. Il est dans la cuisine ouverte sur le salon. À travers les persiennes, la lune lui indique le chemin du couloir vers une chambre, une petite chambre de fille. Il fouille et trouve 100 dollars américains. Enfin, de l'argent !

À l'extérieur, le claquement des talons d'une femme vient troubler le silence. Il se baisse instinctivement. Quelqu'un vient de pénétrer dans la cuisine. Vite, il doit reprendre le contrôle de la situation. Il sort de la chambre et longe le mur du couloir. Il s'arrête. La lune éclaire la cuisine. Le visage d'une jeune femme apparaît derrière le comptoir. Elle tient quelque chose à la main. Il se dirige vers elle. Elle le voit. Il avance fermement, cachant son arme dans son dos. Plus il s'approche, plus elle est surprise.

CHAPITRE 2

Le cri

Los Peñascos, République dominicaine,
le 24 décembre 2000, 0 h 50

*R*ose insiste pour me raccompagner.
Nous marchons dans la nuit calme. La lune est splendide, elle illumine notre chemin, révélant de magnifiques fleurs. Nous avons passé une superbe soirée. Mon frère Philippe s'est laissé séduire par une touriste qui l'a entraîné vers son hôtel.

Arrivées à quelques mètres de la maison, Rose m'embrasse, me souhaite bonne nuit et fait demi-tour. Elle me salue une dernière fois de la grille. J'apprécie sa présence. Je la regarde disparaître, happée par la nuit. Je me dirige vers la porte en essayant de ne pas réveiller Marie Lise et Nataraj. Mes savates font un bruit de claquettes sur les pavés disposés à distance égale dans l'herbe.

Comme j'ai oublié ma clé, ils m'ont assurée qu'ils déverrouilleraient la porte de la cuisine. En fait, elle est entrouverte. Tout ce rhum dominicain m'a donné soif. Où est la bonbonne d'eau ? Dans le noir, je tente de repérer l'interrupteur. Finalement, ma vue s'ajuste et la lumière de la lune suffit. La bonbonne d'eau est là. Le bruit de la pompe résonne dans le silence. Quel vacarme ! Oh ! Maintenant le verre déborde et l'eau coule par terre !

Je saisis un torchon pour éponger l'eau, et, en me relevant, j'aperçois un homme qui s'approche dans le corridor. Qu'est-ce qu'il fait ici? Ce doit être un ami qui est resté dormir. Marie Lise et Nataraj connaissent plein de monde.

Confiante, je lui lance un doux, mais interrogateur «Holà...?» *Il avance vers moi, traverse des zones d'ombre, parfois éclairé par la lumière de la lune qui filtre à travers les portes vénitiennes. Il me semble étrange. Pourquoi reste-t-il muet? Qu'est-ce qu'il cache ainsi?*

C'est alors que son énergie m'assaille. Je la sens et je perds confiance. Je deviens molle. Je répète avec inquiétude: «Holà?»

Il reste silencieux. Cet homme ne devrait pas être là, en pleine nuit. Soudainement, sa main droite apparaît. C'est un pistolet qu'il pointe vers moi. Dans un état second, je me retrouve avec le canon sur la tempe et l'homme dans mon dos qui marmonne à mon oreille. Mon cœur cogne dans ma poitrine. Je m'abandonne, nos corps se touchent.

— Silencio!

Sa voix est rauque, dure. L'acier froid du pistolet sur ma tempe me glace. Le temps aussi semble s'être figé. Au plus profond de moi, une voix appelle à l'aide! Mais il ne faut pas crier. Si je crie, il va perdre la tête. «O.K., jusqu'ici ça va, je vais m'en sortir.»

— Si hablas, si gritas, te mato. *(Si tu parles, si tu cries, je te tue.)*

Il me demande où est l'argent, où est mon mari. Je réponds que je suis la nièce et que nous avons peu d'argent ici, seulement quelques pesos.

— El dinero... al banco.

L'argent est à la banque, à la banque. Je lui répète ces mots, calmement.

— Aqui hay nada, hay nada aqui! *(Ici, il n'y a rien, il n'y a rien ici.)*

Il m'entraîne dehors, vers la chambre où dorment Marie Lise et Nataraj. J'ai une envie profonde de toucher le sol de mes pieds. Je m'arrête un instant et il me regarde enlever mes savates. Le sol est froid. Je suis vivante. Quand il aura vu qu'il n'y a rien à voler ici, il partira. D'ici là, je dois rester calme.

Mais, intérieurement, je veux hurler. Défilent en moi toutes les occasions où j'aurais pu apprendre à me défendre. Pourquoi ne suis-je pas maître en arts martiaux comme dans les films de kung-fu? Des images surgissent et je veux me convaincre qu'en me nourrissant d'elles je saurai vaincre. Et pourtant, mon corps reste mou, tandis que mon intuition me conseille de ne rien tenter, de me faire souris.

— Llame tu esposo, ahora, llamelo! (Appelle ton mari, maintenant, appelle-le!)

— Marie Lise? Nataraj?

Ce n'est pas un appel, c'est un gémissement. Ma voix est à peine audible. Le froid de l'acier et la voix dans mon oreille me projettent dans le vide. Je les appelle, ils vont ouvrir, et puis après?

— Fuerte, mas fuerte. (Fort, plus fort.)

Si je prononce les mots «fusil», «pistolet», «gun», il comprendra, me tuera et leur tirera dessus. Je dois les avertir tout en m'assurant qu'il reste calme.

— Marie Lise? Nataraj? Il y a un problème… grave.

Ma voix est douce, mais elle porte le poids de l'urgence. Sur le balcon, nous attendons. Mon pouls accélère, je laisse échapper un gémissement. La porte s'entrouvre. Je lis la stupéfaction sur le visage de Nataraj. Ils se connaissent? Ils poussent ensemble un cri de surprise.

Le pistolet quitte ma tempe, le bras de mon agresseur se déplie sous mes yeux. Il vise Nataraj et tire sur lui. La détonation fait éclater mon tympan. J'entends comme un murmure, une voix au loin, hurler à la mort.

CHAPITRE 3

El Balsero

Playa La Entrada, République dominicaine,
le 15 décembre 2000, 2 h

Le Balsero attend que les policiers en civil s'en aillent. Accroupi derrière les palmiers qui bordent la plage, il contemple les flammes qui ravagent ses bateaux de passe. La haine lui ronge le cœur et les articulations. Il tape du poing dans le sable pour s'empêcher de hurler sa soif de vengeance. Ces hommes se croient policiers, mais ils ne valent pas mieux que les mafiosi.

Depuis qu'il a perdu son travail de gardien d'un complexe immobilier où vivent des *americanos*, il vend des noix de coco sur le bord de la route. C'est ainsi qu'il cache son activité illicite de passeur. D'où son surnom, le Balsero. Il a débuté avec une petite barque et a conduit, pour d'importantes sommes d'argent, des compatriotes jusqu'aux rives de Porto Rico, un eldorado pour eux. Il monnaye les rêves des Dominicains : quitter leur pays pour aller faire fortune ailleurs.

La barque qui s'envole en fumée, c'est la sienne. Il l'a achetée avec son salaire de gardien et ses petits vols dans les villas. Au fait des heures de départ et d'arrivée des copropriétaires, il engageait des jeunes qui commettaient les larcins à sa place. Son petit jeu avait malheureusement été découvert par le président du complexe, le grand Canadien au nom bizarre. Et il avait dû quitter son emploi.

Le Balsero était fier de lui. Il nourrissait correctement sa famille. Il commençait même à être un peu riche, lorsque les mafieux s'étaient pointés et avaient réclamé une partie du pactole en échange de leur protection. Protection? L'odeur de la fumée lui rappelle qu'il l'a bel et bien perdue, cette protection. La police fermerait les yeux, c'est ce que les mafieux lui avaient promis. Ils étaient partis avec la moitié de ses bénéfices et lui avaient imposé l'achat d'une seconde barque. La mafia lui avait octroyé un prêt, sans qu'il ait rien demandé. Son rêve de passeur solitaire s'était effondré. Il était non seulement obligé de travailler avec eux, mais aussi pour eux.

Il y a encore quelques heures, il possédait deux bateaux. Maintenant, il n'a plus rien. Qui sont ces policiers en civil? Si seulement il pouvait voir leurs visages.

Le Balsero est en sueur, la police ne le laissera plus tranquille. Il doit se cacher. Même si personne ne dit rien, tout le monde sait que c'est lui le passeur. Lui qui vend innocemment ses noix de coco sur le bord de la nationale.

Que va-t-il faire? Dès que la mafia apprendra ce qui s'est passé, il va se faire liquider. Il est fini. Il doit partir, fuir le pays, changer d'identité, quitter sa famille.

Le Balsero a peur. Une frayeur animale lui tord les entrailles. Noël approche. Les hommes et les femmes qui l'ont payé pour «passer» vont vouloir récupérer leur argent. Il est coincé. Se protéger, s'enfuir… Mais comment va-t-il rembourser la mafia?

Les policiers partent enfin. L'homme quitte sa cachette et s'avance en rampant dans les grandes herbes. L'odeur âcre de la fumée le prend à la gorge. Le spectacle est désolant : de ses deux bateaux, il ne reste que des épaves fumantes. Il voudrait hurler, mais il ne peut pas. Il serre les mâchoires, comme il l'a toujours fait.

Pour payer ses dettes et fuir le pays, il n'aura qu'à dérober tout ce qu'il découvrira dans les villas du bord de mer.

Le Balsero a mal au ventre, car il sait ce qui l'attend : la mort ou la prison.

CHAPITRE 4

Le rideau

Villa L'Hacienda, République dominicaine,
le 24 décembre 2000, 1 h

Des bruits de talons contre les dalles de ciment me tirent
du sommeil. Je reconnais le pas de Julie qui revient de
sa soirée. Rassurée, je replonge dans ma nuit.

Des voix sourdes me réveillent à nouveau. M'appelle-t-on?
Laissez-moi dormir. Ne me réveillez pas! Je n'ai qu'une envie,
m'abandonner au sommeil. Je calme mon réflexe de vigilance,
puis je sens le corps de mon mari qui se lève. D'habitude, c'est
moi qui réagis en premier, mais, cette fois, c'est à son tour
d'aller voir ce qui se passe.

Un son de stupéfaction attire de nouveau mon attention.

Un coup de feu! Un cri! Assise hébétée dans le lit, je ne
sais plus où je suis. Est-ce la voix de Julie?

Un autre coup de feu! Je me précipite contre le rideau qui
sépare la chambre du reste de la pièce.

Je ne suis pas seule, quelqu'un est là. J'entends sa respiration haletante. Il attend, il écoute. Tous mes sens sont aux
aguets. Je perçois sa peur, son anxiété, sa colère. S'il tire le
rideau, il me tuera.

Faire la morte, ne plus respirer.

— J'ai mal, aidez-moi.

C'est mon mari qui appelle à l'aide.

— *Coño!* (Espèce de con!) lance le tueur.

J'imagine qu'il parle à mon mari. Des mots dans un espagnol incompréhensible sont marmonnés. Sa rage remplit la pièce, elle m'atteint, m'envahit. Elle me fige. Il est nerveux. C'est dangereux. La voix de mon mari me déchire les entrailles. Je dois choisir. Si je surgis de derrière le rideau, c'est la mort; si je reste cachée, j'ai des chances de m'en sortir.

L'agresseur va sur le balcon. Je vais sortir, me faufiler par la porte du côté du lit. Non! Elle est fermée à clé.

L'homme entre de nouveau. Tout de lui me colle à la peau, me pénètre: sa respiration, son odeur, sa peur, son égarement. Il cherche, il me cherche.

— J'ai mal, aidez-moi!

Vite, il me faut sauver mon mari.

— *Coño!* lance de nouveau l'assassin.

Il ressort sur le balcon, sa vibration se retire de moi. Je vais bouger, maintenant. Pétrifiée sur place, j'en suis incapable. Pourtant je dois bouger, je dois sauver mon mari. Mon corps se prépare à se mettre en mouvement. Je tente de faire un pas.

Il revient. Il est là, son énergie entre en moi. Il me cherche. Je voudrais lui sauter à la gorge. Figée, je disparais, je n'existe plus. Je n'ai plus de souffle.

— Il est déjà mort, tu le sais, me dit une voix en moi, une voix douce. C'est fini, souviens-toi. Tu sais que c'est fini.

L'homme quitte encore la chambre. Je pourrais bouger, mais mon corps reste immobile. Mon cerveau décrypte: il a tiré deux coups de feu. A-t-il tué Julie? A-t-il tiré en l'air? C'est un code! Il m'avertit qu'il est dangereux. Je connais ce signal.

Je dois sauver mon mari. Cette fois, j'y vais, je vais m'élancer.

— Préserve la vie. Préserve la vie. Préserve la vie. C'est trop tard, me dit la voix.

Nataraj s'est tu. Il ne reste que l'autre et moi. Où est Julie ?

L'homme entre encore une fois dans la pièce. Toute sa nervosité revient avec lui. Son énergie me glace, je suis clouée sur place. Et s'il passait de l'autre côté du rideau ? J'ai l'impression d'habiter son cerveau. Je le vois, je le lis, je suis en lui.

Trois coups de feu résonnent, au loin, dans la nuit. Les gardiens du complexe touristique réagissent. Ils arrivent. L'autre aussi les entend. Son énergie change. Il échafaude un autre scénario. Il cesse de me chercher, quitte la chambre et puis… plus rien. Que le silence de la nuit. De l'autre côté du rideau, il y a un vide. J'attends, j'appelle.

— Julie ?

CHAPITRE 5

La fragmentation

Vieux-Montréal, le 12 février 2000, 14 h

Il est là, je le regarde, je le scrute. Comment peut-il me dire une chose pareille? Comment peut-il me demander de rester en couple avec lui pendant qu'il est avec une autre femme? Être témoin de ses «allers» et de ses «retours». C'est impossible. Je le sais. Je suis incapable de l'aimer ainsi... de l'aimer suffisamment pour accepter son besoin de vivre ses expériences. La réponse est simple: non.

Mon cœur se referme. J'aurais envie de lui sauter au visage comme un animal sauvage. En moi se pointe le monstre de la jalousie. Je me sens devenir méchante, violente. À mon insu, je me sens devenir à la fois victime et persécutrice.

«Comment peut-il me faire ça à moi?» J'entends, en moi, toutes les femmes trompées qui hurlent à l'injustice.

Je voudrais fuir en courant, quitter tout, me retirer dans un monastère, pleurer toutes les larmes de mon corps, être la pure victime de ce traître qui m'a dupée.

Les scénarios illusoires se déroulent rapidement dans mon théâtre intérieur.

J'hésite. Vais-je le persécuter ? Le bannir de ma vie à jamais ? le punir pour l'éternité ? Ou vais-je déguerpir ? Partir sans dire un mot, en courbant l'échine, gardant pour moi cette colère justicière, et mourir de maladie pulmonaire ? Pourquoi pas ?

Les mâchoires serrées, je mordille l'intérieur de mes joues. Le souffle court, mon regard est meurtrier. J'entends sa voix. Nataraj me parle.

— Dis quelque chose. Ne me laisse pas dans le silence.

Oh ! Comme j'aimerais le blesser encore plus, le voir souffrir ! Comment peut-il aimer une autre femme que moi ?

Actrice de mon monde intérieur, je me sens terriblement ridicule. Je vois mon propre jeu de victime, de dame aux camélias, de tyran égotiste. Je voudrais lui dire : « Oui, vis tes expériences, mon amour » ; « Je t'aime, explorons ensemble ces nouvelles voies ». Je voudrais pouvoir l'aimer comme il m'a aimée. Lui qui a accueilli mon désir pour d'autres hommes. Lui qui est resté fidèle à notre couple pendant mes allers-retours avec mon amant.

Malheureusement, je suis incapable de lui donner cette possibilité. Ma force de destruction est plus forte, je suis dévorée par la jalousie. La partie de moi qui connaît la blessure d'abandon cède au vieux réflexe de protection : rejeter l'homme, le sortir de ma vie et fuir.

Le plus horrible, c'est que je suis consciente. En agissant ainsi, je me rejette moi-même. La protection, la fermeture du cœur ; je serai la seule à en souffrir. C'est moi-même que j'abandonne en quittant cet homme que j'aime. J'abandonne aussi une relation consciente où l'amour partagé fut toujours vécu hors des schémas traditionnels qui souvent mettent en péril le chemin d'individuation. Malgré cela, je ne peux plus poursuivre.

Effondrée face à ces constats, j'ai honte de mal aimer.

Ma respiration m'aide à atténuer le désir de détruire tout ce que nous avons vécu. Je retrouve petit à petit une certaine maîtrise, mais je sais, au plus profond de moi-même, que j'ai perdu la bataille. Je suis possédée par la partie destructrice en moi. Mon cœur s'est verrouillé. J'en souffre.

Je m'entends dire dans un souffle :

— Je suis incapable de t'accompagner dans cette nouvelle expérience, il serait préférable de mettre fin à notre relation.

CHAPITRE 6

La souris

Villa L'Hacienda, République dominicaine,
le 24 décembre 2000, 1 h

*U*n cillement, un battement de cœur, un cillement, un battement de cœur. Mes yeux s'ouvrent, se referment, s'ouvrent,
se referment. Je suis sourde, je suis aveugle. Tout semble lent. Je
glisse contre le corps de Nataraj qui s'écroule. Dans notre chute, je
bascule dans la chambre éclairée par la lune. Dans ce clair-obscur,
je reconnais le bureau, la lampe, le téléphone. Je me glisse sous le
bureau. Je m'enfonce complètement dans la pénombre.

Cillement, battement de cœur, cillement, battement de cœur, le
temps s'est figé. Je suis à l'abri. L'homme n'a pas pu voir où j'ai
trouvé refuge. Pourtant, il est à quelques pieds : de ma cachette sous
le bureau, je le vois. Il entre, il sort, il se parle. Une fois encore, je
ressens son énergie. Il perd la tête et tire à nouveau. Marie Lise, ma
tante chérie, j'imagine le pire : cette balle t'était-elle destinée ? Je ne
dois pas bouger. De toute façon, en aurais-je la force ? Mon corps
répond à peine.

Cette fois, je n'ai pas crié, mais mon cœur bat encore plus fort.
L'homme est si proche de moi ; si je sens sa présence, il doit sentir la
mienne. Mon cœur bat avec tellement de puissance que chaque

battement fait naître un spasme qui voyage tout le long de mon corps. Il va me trouver. Dans mon trou de souris, je fais la morte, je me concentre, j'arrête tout : le cœur, la respiration, les spasmes, les cillements, l'affolement, l'horreur.

Recroquevillée, je ferme les yeux. Je laisse la noirceur m'absorber.

Surtout, ne pas respirer. Je n'existe plus.

CHAPITRE 7

Le pacte amoureux

Vieux-Montréal, le 12 mars 2000, 16 h

L e loft montréalais est éclairé par la lumière des bougies. Mon mari est là, devant moi. J'ai beaucoup réfléchi depuis un mois. J'ai trouvé une clé. Mon refus d'aimer au-delà de ma personnalité blessée s'est transformé. Je suis prête à aimer d'une autre façon. Perdre les habitudes, les attachements, toutes ces constructions inconscientes qui font le quotidien d'un couple. Oser quitter les balises extérieures pour retrouver une solidité du cœur, un réel engagement.

L'atmosphère est douce. Je regarde avec amour cet homme, cette âme, mon compagnon de vie. Un soupir monte des profondeurs de mon être. Une paix m'habite.

— Osons perdre toute forme, pour nous retrouver.

Consciente que les mots sont des vibrations, je me mets à nu. Nataraj me scrute de ses yeux d'ambre. Je crois voir une étincelle. Je poursuis :

— Nataraj, je sais au plus profond de moi que je t'aime.

Une pause. Ma voix s'appuie sur la sincérité absolue que je ressens et que je lui exprime.

— Je sais aussi que je t'ai mal aimé.

La phrase est lancée. Elle résonne entre les murs de vieilles pierres.

— J'ai besoin de me retrouver et de nous retrouver. Je t'ai aimé dans la possession, dans la peur de te perdre, et cet amour est encore douloureux en moi. Notre couple n'est plus créateur de vie ni d'amour. Il l'a été, mais c'est fini. Nous nous sommes perdus dans les méandres d'un moule, d'une forme. Nous n'avons pas été vigilants. Je le regrette pour nous, mon amour.

Des larmes vacillent au rivage de mes yeux.

— Tu me demandes de t'accompagner dans cette exploration de l'amour avec une autre femme. Je m'en sens incapable. Je voudrais pouvoir te donner ce que tu demandes, mais c'est impossible, car je suis trop attachée à toi. Infantile, je te veux pour moi seule. Puisque tu as choisi d'aller vers cette femme, c'est que tu as besoin d'explorer autre chose.

Les larmes sont libérées, elles coulent abondamment. Presque à voix basse, je poursuis :

— J'ai besoin de t'aimer sans cette possession qui me blesse. Je te propose alors une dernière initiation : perdre toute forme pour oser se retrouver.

La paix intérieure vient de me quitter, je tremble, je sens le mouvement de fond d'un raz de marée interne. Je ferme les yeux. Continuer me demande un courage fou. La gorge en feu, je me lance.

— Quittons ce que nous connaissons. Séparons tout ce que nous possédons, l'argent, le travail, tout. Libérons-nous, Nataraj, pour nous retrouver sans forme, nus l'un face à l'autre. Plus de dépendance, plus de liens matériels. Prenons le risque de nous retrouver ou de ne pas nous retrouver. Si nous nous retrouvons, nous saurons que notre amour n'est pas fondé sur l'attachement aux biens, aux succès professionnels, mais sur une réelle liberté et un réel choix d'être ensemble pour l'essentiel.

Je me tais. Mon corps a beau être figé et vertical, tout mon être ne désire que se pencher vers lui. Ce que je lui propose est fou, et pourtant, il n'y a pas d'autre solution. Pendant des années, j'ai expérimenté les autres formes d'amour ; elles se nommaient séparation, amputation affective, douleur. Maintenant, j'ose proposer autre chose. Je tremble. J'ai l'impression de me jeter dans le vide. Va-t-il m'accompagner ?

— Tu n'as pas tout dit, me dit la voix intérieure.

Je prends une grande inspiration. Dehors, il s'est mis à neiger. Le mois de mars traîne en longueur et en douleur. Je n'aurais jamais pensé que l'année 2000 débuterait ainsi pour nous. C'est toute une initiation que Nataraj, par la force des choses, me fait vivre ! Jamais l'amour pour un homme ne m'aura poussée si loin dans mes retranchements et dans l'action de défier ma peur d'aimer.

— Nataraj, entre avec moi dans cette forme d'initiation. Retrouvons-nous, donnons-nous rendez-vous. Inventons un couple nouveau, quittons les sentiers battus du conditionnement à deux. Inventons le non-couple dans le couple.

Il m'écoute. Il pleure. Il vibre. Il me prend dans ses bras et nos larmes se rejoignent dans ce nouvel espace de détachement intérieur.

— Attends-moi, me souffle-t-il à l'oreille.

Il fouille dans le frigo et quelques minutes plus tard j'entends le doux «pop» d'un bouchon de champagne. Je vois mon homme revenir avec deux flûtes remplies d'un liquide rose aux reflets ambrés.

— Merci ! lui dis-je en essuyant mes larmes.

— Buvons à «perdre toute forme pour mieux nous retrouver».

Sa voix est presque joyeuse.

CHAPITRE 8

Le mystère de la vie

Villa L'Hacienda, République dominicaine,
le 24 décembre 2000, 1 h 20

— Julie ? Julie, c'est moi. Où es-tu ?

Je sors par la gauche du rideau. Julie est morte, je vais tré-bucher sur son cadavre.

— Julie, es-tu là ? Réponds-moi... Julie ?

— Je suis là, Marie...

J'entends cette toute petite voix. Dans la noirceur, je crois discerner qu'elle est sous le bureau. Comment a-t-elle pu se faufiler là ? Me penchant vers elle, je lui tends la main.

— Julie, il est parti, il ne reviendra plus, tu peux sortir.

Un corps tremblant sort du trou. Les rayons de lune me permettent de voir qu'elle suce le torchon aux carreaux rouges de la cuisine.

— Vite, aide-moi ! Il nous faut des couvertures, des oreillers.

Je lui parle, elle ne m'entend pas. Avec horreur, je comprends qu'elle est en état de choc, qu'elle n'est plus là. Son corps figé tente d'avancer. Elle est perdue dans l'espace, déso-rientée. Elle tient le torchon entre ses dents, elle se balance sur ses jambes. Elle gémit comme une enfant. Je ne peux pas l'aider, pas maintenant.

Je cherche des vêtements dans l'obscurité. J'attrape ce que je peux. Je cours à la recherche de Nataraj. Il est là, nu, étendu dans l'herbe. Je reconnais cette image de mon mari allongé dans l'herbe verte. Depuis un mois, je l'ai vue et revue, tels des flashs. C'est le tableau de ma prémonition.

Je m'approche. Il y a un trou dans son bras gauche. Je cherche le sang. Il faut arrêter l'hémorragie. Où est le sang?

Je cours dans la chambre chercher une serviette qui pourrait servir de garrot. Je reviens pour comprimer le bras. Quelque chose ne va pas. Qu'est-ce que je garrotte ainsi? Un bras lourd et livide d'où pas une goutte de sang ne s'écoule.

Où sont les gardiens qui ont tiré dans la nuit? Appeler à l'aide. Je retourne, désorientée, dans la chambre. Je cherche le téléphone. À qui téléphoner? Quels numéros? Mon ami Sunny… Son veilleur répond qu'il est à la discothèque du village. Je raccroche. Appeler l'intendant, vite! Il répond.

— Il a tué Nataraj, lui dis-je dans un souffle.

Je croise Julie. Perdue sur le balcon, elle gémit. Je reviens essoufflée vers mon mari avec une serviette mouillée. Je l'applique sur l'énorme ecchymose qu'il a sur la tête.

Il a perdu conscience. Je lui soulève la tête. Je l'appelle à haute voix.

— Nataraj, Nataraj, reviens, reste éveillé, ne pars pas, reste conscient, reste avec moi, reste éveillé.

Je lui caresse la tête, puis j'entends en moi la voix.

— C'est trop tard, il est mort, laisse-le partir, accompagne-le. Tu le sais.

Non! Je ne sais rien.

— Nataraj, reviens, tu ne vas pas me quitter ainsi, non! Ce n'est pas ainsi que tu vas me quitter.

Les images défilent dans mon cerveau à un rythme fou, je revois tout le pacte amoureux, le choix de nous retrouver à Noël, la prémonition. Je nage en plein cauchemar. Je vais me réveiller, n'est-ce pas?

— Aide-moi, Julie, aide-moi!

Je relève la tête. La scène est irréelle. Julie sur le balcon suce le torchon en se balançant.

— Qu'est-ce que je peux faire? Je ne sais pas! C'est terrible! C'est terrible!

D'une voix à peine audible, Julie se met à chanter une comptine. Elle pleure en me regardant.

— Il est trop tard, me dit la voix.

Je regarde Nataraj. Ses yeux se révulsent. Je le vois avaler par réflexe quelque chose qui semble s'épancher dans sa gorge. Avec effroi, je comprends qu'il a une hémorragie interne.

Il est trop tard, à moins de l'emmener rapidement aux urgences. Si seulement j'étais à Montréal!

— Même à Montréal, il serait trop tard, me dit la voix.

Je soutiens sa tête, j'observe ce gonflement qui, de l'intérieur, pulse le sang. Je sais qu'il est en train de mourir.

Le réflexe de déglutition s'arrête. Un mince filet rouge s'écoule du coin de ses lèvres. Impuissante, je regarde la nuit éclairée par la lune. Tout est silencieux, tout est à sa place, rien n'a changé: les palmiers, le vent sensuel, la douceur de la nuit, les étoiles qui brillent. Les images saintes de mon enfance me reviennent. C'est Noël, les palmiers, l'étoile qui guide les Rois mages.

Le temps s'est arrêté. Mon mari se meurt. Je suis confuse. Malgré l'horreur, la beauté de la nuit continue de nous envelopper. La mort est là et la vie continue. Est-ce possible que la vie et la mort se côtoient si simplement?

CHAPITRE 9

La planète blanche

Lausanne, Suisse, le 28 novembre 2000, 20 h 30

Une fine neige glisse contre le pare-brise. Dans la nuit noire, les montagnes ne sont qu'une succession d'ombres. Paul conduit l'auto qui nous ramène à Chexbres. Nous avons passé la soirée à Lausanne, dans un congrès consacré au bien-être et à la santé. Il est tard et je suis fatiguée. Paul conduit trop vite, j'ai peur qu'il nous arrive quelque chose. Je me sens sur le qui-vive depuis que j'ai quitté Montréal. Des symptômes physiques nouveaux sont apparus : maux de tête, nausées. Pourtant, je ne suis pas enceinte. Mais je pressens que quelque chose de grave va m'arriver.

— Nous avons eu beaucoup de succès, ce soir.

La voix de Paul me tire de mes réflexions. Il a raison, les gens ont apprécié nos conférences. Mes pensées reviennent vers Paul qui respire à côté de moi. Lui aussi est écrivain. Il est amoureux de moi.

La neige continue de danser à gros flocons. La visibilité devient de moins en moins bonne. On ne distingue plus les lumières des villages au bord du lac Léman.

En septembre, Paul est entré dans ma vie d'une façon vraiment étrange. Je revenais du Tibet et j'étais habitée d'un espace sacré, un silence intérieur qui ne m'a toujours pas quittée. Nous étions les invités d'un regroupement de libraires. Nous nous sommes reconnus immédiatement.

Depuis lors, Paul me pose peu de questions sur ma vie privée. J'ai l'impression qu'il écoute mon silence intérieur. J'aime sa sensibilité. J'aime son génie littéraire.

Le rêve que j'ai fait la nuit qui a suivi notre rencontre fut très puissant. Paul m'emmenait en voiture sur le bord d'un précipice et je refusais de me laisser aller à tomber. Mon inconscient tentait peut-être de m'indiquer que cet homme allait m'accompagner dans une phase importante de ma vie où je refusais d'aller.

La neige redouble d'intensité. Hypnotisée par cette valse, je me laisse surfer sur un océan de pensées.

— Nous sommes sur une planète blanche.

La voix de Paul me parvient de loin.

Ce soir, malgré la reconnaissance de mes lecteurs, malgré le succès et l'amour, je me sens perdue, déracinée. Aller ainsi comme une nomade, d'hôtel en hôtel, avec Paul pour seule maison affective, n'est pas mener la vie de femme telle qu'on me l'a enseignée. Ce n'est pas non plus celle que je désire. Plus je me détache et nettoie les projections sur mon mari, plus mon amour est présent. Ce soir, je sens que mon âme sœur est loin, si loin. J'ai peur.

— Attention, Paul, tu vas trop vite, c'est glissant. Sois prudent !

Paul ralentit. Mes remarques n'ont pas de raison d'être, car il n'allait pas vite, et maintenant, encore moins. Notre lenteur oblige les autres automobilistes à nous dépasser, et c'est finalement plus dangereux.

Je suis dans un état d'irritation qui est loin de ma vraie nature. Qu'est-ce que j'ai ? Et si je ne revoyais jamais mon mari ? Un hoquet de larmes attire l'attention de mon ami conducteur. J'ai besoin de parler, sinon les mots vont m'étouffer.

— J'ai l'impression que je pourrais mourir sans revoir mon mari.

Un silence de plomb envahit l'auto, perturbé par le seul bruit des essuie-glaces.

— Je ne savais pas que tu l'aimais tant.

La voix de Paul est tendue et la neige semble lui répondre. L'auto avance dans la nuit blanche.

Évidemment que j'aime Nataraj ! C'est pour le laisser vivre sa vie que je me suis mise à l'écart. J'ai enfin compris que je ne pouvais pas le posséder.

— J'aime mon mari et je t'aime, Paul.

Est-ce que j'aime vraiment Paul ? Ne serait-ce pas plutôt un amour de remplacement ?

— Comment peux-tu aimer deux hommes en même temps ?

Comment lui expliquer le pacte amoureux, notre décision de quitter toute forme pour nous retrouver ? De toute façon, que puis-je lui répondre ? Que j'ai tendance à répéter les modèles doubles ? Deux mères : ma mère et ma tante. Deux enfants dans le ventre de ma mère : moi et mon frère jumeau mort. Deux pères : un homme absent et un frère sur qui j'ai transféré mon œdipe.

— Paul, j'ai souvent aimé deux personnes en même temps. Souffrant dans une relation, je créais un second amour qui allégeait ce que je vivais. J'ai appris à vivre avec ces forces en opposition en moi. Dans mon enfance, j'ai eu deux mères, une avec qui je souffrais et une autre en qui je pouvais me reposer. Ainsi de suite. Puis la vie m'a fait vivre ce que j'avais fait vivre aux autres : mon mari a aimé d'autres femmes, et ce, plusieurs fois. Encore aujourd'hui, j'essaie de pouvoir l'aimer, lui et l'autre femme.

Le regard de Paul se pose sur moi. Il doit se dire qu'il est l'amour de remplacement.

Les automobilistes devant nous ont allumé leurs feux de détresse, la visibilité est quasiment nulle entre les passages des essuie-glaces.

J'ai besoin de m'expliquer à Paul.

— En psychanalyse corporelle, il y a souvent un lien entre l'espace intra-utérin et l'habitacle d'une voiture. Certaines personnes revivent en auto des angoisses qu'elles avaient éprouvées dans le ventre de leur mère. Ce soir, avec toi, j'ai l'impression de contacter ma peur de mourir et celle de voir l'autre mourir. J'ai retrouvé à travers une thérapie respiratoire, pratiquée sous l'eau, une mémoire cruciale de ma vie intra-utérine. J'ai vu mon jumeau mort à mes côtés, dans le ventre de notre mère. J'ai compris alors la souffrance intrinsèque de la survivante, la culpabilité d'avoir survécu, le « pourquoi lui et pas moi ? »

Je soupire, j'ai hâte d'arriver et de boire un verre de vin bien mérité. La nuit noire des montagnes et la nuit blanche de la neige ne font rien pour soulager mon angoisse.

— Paul, l'amour m'apprend à aimer et aussi à mourir à d'anciens conditionnements. L'amour et la mort sont des expériences similaires.

Paul soupire. Parce que je suis incompréhensible, j'imagine. Je ne sais même pas d'où viennent ces mots.

— Paul, ma franchise est-elle blessante ?

— Tu es un être rare, Marie Lise, et tu viens de la planète blanche où seul l'amour inconditionnel guide les êtres.

CHAPITRE 10

La prémonition

Puerto Plata, République dominicaine,
le 20 décembre 2000, 19 h

L a piste de l'aéroport de Puerto Plata s'étire devant nous. Les palmiers et la mer me sourient dans la lueur du soleil couchant. Cette journée a duré une éternité : le soleil s'est levé dans le froid montréalais ; maintenant, il se couche dans la moiteur dominicaine. Entre les deux, il ne s'est rien passé. Attente, douanes, décollage, retard, attente et atterrissage.

Miami airport la veille de Noël : des gens couchés sur des bancs avec des Big Mac et du coca-cola, des files d'attente à l'enregistrement, même chose pour la vérification des bagages, une ville souterraine où l'on entrevoit les palmiers sous une climatisation trop forte. Comment rester zen ?

Nataraj, lui, s'amusait à associer le retard d'American Airlines à une résistance de notre part à prendre un mois de vacances. Je lui ai répondu qu'il voit des signes dans tout et dans rien.

Je regarde mon pays d'adoption par le hublot. Les enfants rois dominicains hurlent dans l'avion. Je suis fatiguée de penser, j'ai l'impression de porter des siècles de fatigue. Il est tard, nous devions arriver dans l'après-midi. Maintenant, il fait nuit.

Le taxi habituel nous attend. Nous voilà repartis sur la route. Des images surgissent dans mon cerveau : le corps de mon mari étendu dans l'herbe, torse nu. Est-il mort ? L'image repart. Où suis-je ? L'image reprend, se promène de gauche à droite et disparaît. J'ai mal au cœur.

Je serre les mâchoires. Je connais ces flashs, ils sont apparus en Suisse, puis à Paris, et à Montréal. C'était moi, la personne qui mourait dans ces flashs. J'avais peur de traverser la rue, peur d'un accident. Dans le taxi, ces visions redoublent d'intensité. Allons-nous avoir un accident ?

Je demande au chauffeur de ralentir. Nataraj, assis à l'avant, se retourne et me demande si tout va bien.

— Oui, oui, j'ai encore mal au cœur et à la tête, j'ai ces symptômes étranges qui vont et viennent depuis un mois, depuis ton anniversaire.

— Tu dois être fatiguée, avec cette tournée européenne.

— Oui, ça doit être ça.

Comment lui dire que je viens de le voir mort dans l'herbe et que les images sont encore plus fortes ici qu'à Montréal ou qu'en Suisse ?

— En fait, Nat, j'ai peur de mourir ce soir, sur la route. J'ai cette sensation terrible que quelque chose de grave va m'arriver.

Ma voix est chargée d'émotion. Je n'ai qu'une envie, c'est de hurler à la mort comme une louve, d'extirper de moi cette sensation que la mort est à mes trousses, qu'elle me guette depuis Chexbres. Je voudrais arrêter cette angoisse, les nausées, et surtout les images.

— Qu'est-ce qui se passe, Marie Lise ? Tu m'inquiètes. J'ai confiance en tes intuitions.

— Je crois que je vais mourir bientôt. J'ai l'impression d'être suivie par la mort.

— Je suis là pour te protéger. Sois sans crainte, nous allons conduire prudemment.

Je ferme les yeux, je parle à mon corps, je serre la main que Nataraj m'a offerte. Si nous devons mourir ce soir, ce sera ensemble.

CHAPITRE 11

Face à mon destin

Lhassa, Tibet, le 25 avril 2000, 17 h

Assise face à mon destin, je contemple le Potala[2] et des larmes coulent sur mes joues. Sortant d'une longue méditation, je constate que je ne suis plus hantée par les liens d'attachement qui étouffaient mes nuits. Au Népal, j'ai laissé derrière moi une vieille peau. Je suis entrée au Tibet en pleine mutation. C'est mon choix initiatique. J'attendais le Tibet depuis si longtemps. Enfin là ! Sans la tempête de sable qui soufflait à mon arrivée, j'aurais embrassé la terre en descendant de l'avion.

Les yeux alourdis par la contemplation profonde que je viens de vivre, je vois le spectacle unique du soleil se couchant derrière la dernière demeure du dalaï-lama.

Ma personnalité pleure et mon âme se retrouve. Comment ai-je pu me perdre de vue depuis tant d'années ? Aveuglée par la dépendance affective qui empêche l'intimité avec soi-même, je me suis autoabandonnée. Et pourtant, que de signes j'ai reçus ! J'ai fermé les yeux. Les voies de service de la

---

2. Palais d'hiver du dalaï-lama.

séduction et des jeux amoureux me semblaient plus attirantes, plus habituelles.

J'ose enfin m'avouer que j'ai vécu un mensonge. Je me suis menti à moi-même. J'ai tout simplement mené une vie amoureuse guidée par des insécurités plutôt que par des vérités, et cela ressemble à une survie plutôt qu'à une vie. Une survie amoureuse guidée par une douleur d'abandon. Que « l'autre femme » soit arrivée dans ma vie est une forme de bénédiction. Cela m'a révélé un aspect d'ombre de moi-même.

Les larmes coulent, mon cœur s'ouvre. Il y a quelques heures, je descendais de l'avion en pleine tempête de sable avec ces mots qui habitaient tout mon être : « Ici, je me purifie, je fais peau neuve. » Le sable s'est mis à envahir les pores de ma peau, le vent voulait pénétrer tous les replis de mon être.

— Bienvenue à Lhassa pour tes 48 ans, me dit ma voix intérieure.

Le soleil est couché. Tout est silencieux. Est-ce l'effet de l'altitude ? J'ai juste envie de méditer. Je me laisse aller, ma respiration devient de plus en plus profonde. Un voile se lève. Des images de ma vie avec Nataraj passent devant mes yeux. Je comprends le jeu de nos blessures. Je te blesse, tu me blesses, nous sommes quittes, non ? Non !… Tu me blesses, je te blesse, sommes-nous quittes ? Non… Et le cercle vicieux recommence. Nous nous sommes blessés mutuellement, chacun son tour au rythme régulier de notre vie de couple bien moulée dans le conditionnement amoureux.

Je regarde le Potala éclairé de ses mille feux. Je suis étonnée de voir si clair en moi. Une transparence m'habite, mes hémisphères semblent s'unir, des liens se nouent naturellement. « Une autre » est arrivée et j'ai pointé du doigt le « fautif ».

Illusions, maintenant le grand jeu se déroule devant moi : ce n'est pas Nataraj qui me trahit, c'est moi-même que j'ai trahie.

Pendant que je regardais dans le jardin secret de mon conjoint, j'évitais de me regarder. J'évitais de voir les yeux grands ouverts que je perpétuais la douleur d'être abandonnée, trahie, laissée-pour-compte. J'évitais tout simplement de voir que mon couple n'allait pas bien. Sous les apparences du « couple parfait », une gangrène rongeait l'amour et provoquerait l'amputation ou la mort de ce couple.

Des larmes de libération roulent sur mes joues asséchées par le désert tibétain. J'ai le sentiment d'une douce certitude intérieure. Je suis en présence du « je sais » qui m'a déjà tant habitée, il y a de cela 23 ans, quand je suis allée à la rencontre de mon être pour me guérir de cette maladie incurable.

Il n'y a pas d'autre certitude que de suivre la voie de son âme.

J'ouvre les yeux pour étirer les bras et les jambes. Puis je me réinstalle à nouveau, la méditation n'est pas terminée. Quelle est cette urgence si forte qui me pousse à me réunifier ?

Où es-tu, mon âme ? Est-ce toi qui me pousses à aimer Nataraj d'une autre façon ?

— Réépouse ton destin, me dit la voix intérieure.

En regardant de nouveau le Potala, je pense au dalaï-lama, à son destin d'exilé, loin de sa terre sacrée. Mon propre destin ne m'entraîne-t-il pas à quitter une terre affective asséchée ? Je me sens soudainement nue comme ma chambre d'hôtel, nue comme le désert tibétain, nue pour me présenter aux portes de ma 49e année.

CHAPITRE 12

La route de prédilection

Abreu, République dominicaine,
le 23 décembre 2000, 13 h

Assise à l'arrière du camion, je regarde défiler le paysage de la route d'Abreu[3]. Le soleil m'éblouit. Je souris. Dans le vent, mes cheveux en bataille me chatouillent le visage. Devant, Marie Lise et Nataraj contemplent eux aussi le paysage en silence. Les falaises, les palmiers, les fleurs, la mer. Le soleil brûle ma peau. Les yeux fermés, je laisse mon bras pendre par la fenêtre en profitant de la sensation du vent. La chaleur du soleil m'imprègne.

Quand je rouvre les yeux, je vois une succession de croix. La lumière y est si douce qu'elle semble caresser ces falaises gardées par une Vierge paisible et romantique. Je suis appelée par ce lieu où les vents marins soufflent l'éternité. Je détourne la tête et sans réfléchir je demande :

— Si vous mouriez, où voudriez-vous être enterrés ?

Je sens que ma question provoque un léger malaise chez Marie Lise qui se retourne vers moi. Qu'est-ce que j'ai dit ? Elle se raidit et se détourne.

---

3. Petite ville située sur la côte nord-est de la République dominicaine, province de María Trinidad Sánchez.

— Regarde, Julie, ce sont les cimetières dominicains, entre falaises et mer. Quand je serai mort, mon âme quittera mon corps physique et continuera à vivre. En fait, je me fous de ma dépouille : quand je serai mort, je serai mort. Vous pourrez faire ce que vous voudrez de mon corps.

J'aime la désinvolture de mon oncle. Je ne suis pas surprise par sa réponse. J'éprouve une sensation de déjà-vu. Je ne comprends pas.

— N'oublie pas, Nataraj, c'est moi qui dois mourir avant toi. Nous avons tout préparé : la musique de la quatrième de Mahler...

J'écoute Nataraj et Marie échanger sur leurs morts et leurs choix. J'ai de la difficulté à tout entendre. Le vent rend leur conversation presque inaudible. Cette discussion leur appartient, je ne cherche pas à l'écouter. Puis un autre silence inconfortable s'installe. Je reprends :

— Et toi, Marie, où aimerais-tu être enterrée ?

Elle se retourne et me regarde.

— Je ne sais pas...

Puis elle regarde Nataraj et répond doucement.

— Je crois que j'aimerais être enterrée dans le beau petit cimetière de Rougemont[4].

Je ferme les yeux et je vois un tout petit cimetière inondé de pétales de fleurs de pommier.

---

4. Petite ville du Québec réputée pour sa culture des pommes.

CHAPITRE 13

La dernière confidence

Playa Grande, République dominicaine,
le 23 décembre 2000, 14 h

Deux chaises longues qui se côtoient, deux corps à moitié nus allongés sous le soleil, le sable blond, l'océan à perte de vue, c'est le paradis de la Playa Grande[5].

— Mon livre est mort.

La voix de Nataraj est sourde et profonde.

Le mot « mort » suscite en moi de la répulsion. Pas encore la mort ! Julie qui parle d'enterrement, et maintenant Nataraj.

Je tente de calmer mon esprit et d'écouter Nataraj. Malgré les mots qui viennent de sortir de sa bouche, je savoure ce moment de pure félicité. Il est deux heures de l'après-midi, un 23 décembre. Le farniente est de rigueur. Je n'ai qu'une envie, c'est d'aller m'étendre entre ses jambes, comme je le fais habituellement, pour sentir son sexe dans mon dos, entre les omoplates, dans cette zone du plexus cardiaque, et laisser ma tête reposer sur son ventre. Cette sensation est unique.

---

5. Magnifique plage de sable blanc située sur la côte nord-est de la République dominicaine.

Mais, cette fois, ce n'est pas possible. L'homme qui est là, étendu sur sa chaise longue, est sérieux et profond. Il baigne dans une aura de confidence. Il me parle comme s'il était allongé sur le divan du psychanalyste. J'ose alors lui poser une question.

— Que veux-tu dire par « mon livre est mort » ?

— L'éditeur français a décidé de ne pas le publier. J'ai reçu son courriel juste avant de venir ici. C'est fini.

— On ne dit jamais d'un livre qu'il est mort. Un livre est vivant, et ce n'est pas parce que ton éditeur québécois a fait faillite que tu n'en trouveras pas un autre.

— Marie Lise, je sens que mon livre est mort.

Que puis-je répondre ? Que je sens égoïstement que quelque chose de grave va m'arriver ? Il me parle de son livre et moi j'ai peur que la vie me quitte. Je me tais, le ciel est d'un bleu unique, typique du mois de décembre. Lavé de tout nuage. Cette pureté me parle. J'attends que mon homme se livre. Je ne veux rien brusquer. Ce moment est sacré. Je refrène l'envie que j'ai de le taquiner, de le chatouiller et de m'amuser. Il y a en lui une telle gravité. J'attends toujours.

Nataraj se met à parler de lui. Il me rappelle un secret qu'il m'avait confié au sujet de sa vie d'autrefois, quand il avait 20 ans. Il veut réparer certains gestes commis il y a long-temps... Sous le choc, j'ose à peine respirer. S'il agit tel qu'il le souhaite, ce sera une profonde guérison pour lui et pour la personne concernée, une réconciliation avec son passé. Tou-chée, je l'observe pleurer. Il respire par soubresauts. Je vou-drais le prendre dans mes bras, le bercer, mais je patiente, car il n'a pas terminé. Les pleurs montent de plus en plus, se transforment en une rivière de larmes. Au travers des san-glots, il poursuit sa confidence. Je lui prends finalement la main. Je la serre contre mon cœur.

— Je vais aller me baigner, me lance mon homme.

Son corps élancé se déplie, ses longues jambes s'étirent, il referme ce chapitre de sa vie. En le regardant partir, je vois ma nièce Julie, couchée à plat ventre sur le sable, qui photographie son frère Philippe la photographiant. Ils rient, légers, heureux. Le temps s'est arrêté. Je voudrais figer ce moment d'éternité. L'imprimer dans ma mémoire à jamais. Je remercie mon mari de vouloir réparer son passé.

CHAPITRE 14

Un automne à New York

Bruxelles, le 14 septembre 2000, 20 h

L es larmes coulent abondamment sur mes joues, ainsi que
la pluie qui touche de ses millions de gouttelettes mes
cheveux, ma peau. Je respire l'air de cette humidité bruxel-
loise. L'eau me nettoie. Collée au bras de mon grand ami Louis
Parez, m'appuyant sur son épaule, nous marchons dans la
nuit. J'ai des soubresauts, des hoquets de pleurs qui parcou-
rent mon thorax. En même temps, je ris de ma réaction exagé-
rée à ce film. Louis est silencieux, protecteur de son amie, à
l'écoute, comme tout bon thérapeute dans son réflexe inné
d'empathie.

— Ce film semble t'avoir fait beaucoup d'effet.

Je laisse ses paroles couler sur moi comme la pluie. Les
scènes du film *Un automne à New York* se déroulent en moi, je
ne peux que constater que cette histoire me touche profondément. Qu'est-ce qu'elle vient chercher dans mon inconscient ?

Richard Gere au cœur fermé de don Juan, se prouvant à
lui-même qu'il peut encore attirer dans ses filets de belles jeunes
femmes. Mais il ignore que son jeu de séduction va le révéler
à lui-même. Car ce n'est pas n'importe quelle femme qu'il

rencontre, c'est une mourante. Gros « hic » dans son histoire de séduction.

— Veux-tu aller prendre un verre ?

Pendant que Louis reste présent à moi-même, je suis toujours dans la vibration profonde du film.

— Oh oui ! J'aurais besoin d'un bon scotch.

— C'est si sérieux.

Je souris à Louis à travers mes larmes. Spontanément, je resserre mon étreinte. Ce soir, le corps de mon ami me sécurise.

Pendant que Louis m'entraîne dans un de ses lieux préférés où se conjuguent la beauté, l'élégance et l'intimité, je suis toujours happée par les dernières scènes puissantes du film où l'on voit Will Keane (Richard Gere) accompagner dans la mort Charlotte Fielding (Winona Ryder). L'amour qu'il donne à une femme qui n'est plus belle comme avant, dont le corps porte les marques de la déchéance. Le don Juan n'est plus ; nous retrouvons l'homme qui aime, car la beauté, l'essence de la femme qu'il aime, est plus forte que tout le reste, que la coquille physique qui bientôt retournera à la terre. Touchante, cette scène où l'actrice laisse émaner la beauté de son âme et où l'acteur la reconnaît.

Ces images qui tournent en boucle dans mon cœur, dans mon corps, me font pleurer de plus belle. Je transporte le film avec moi sur les trottoirs de Bruxelles.

— Louis, j'ai transformé beaucoup de choses dans ma vie, mais il y a une chose que je n'arrive pas encore à comprendre et à accepter totalement, c'est la mort. J'ai quelque chose à régler avec la mort, c'est ce qu'il me reste à accomplir.

Le grand soupir de mon compagnon me laisse présager que je ne suis pas la seule.

CHAPITRE 15

La porte du ciel

Los Peñascos, République dominicaine,
le 23 décembre 2000, 16 h 30

L a lumière de la fin d'après-midi entre par les persiennes
de mon pavillon d'écriture et vient éclairer le lit sur lequel
je me suis étendue. Les portes grandes ouvertes donnent sur
la terrasse qui domine la mer. La vue est magnifique. Le vert
émanant des arbres et du gazon se mélange aux couleurs déla-
vées des bougainvilliers et au bleu de l'océan Atlantique.

Mon ordinateur trône en maître sur mon bureau. Un livre
déjà publié attend d'être révisé et distribué en Europe : *Se guérir autrement, c'est possible*[6]. Je veux lui redonner le souffle
d'une nouvelle naissance.

Rafraîchie par la douche, mon corps gorgé d'énergie solaire,
j'attends Nataraj. Nous avons rendez-vous pour nous aimer. Il
arrive avec son pagne autour de la taille. Sa peau dorée par le
soleil m'inspire un désir que je sens pointer de mes entrailles. Il
se couche sur moi et nous nous embrassons sauvagement. Je
sens que toute l'énergie des confidences de l'après-midi a besoin

_____

6. Publication révisée en l'an 2000 et publiée aux Éditions de l'Homme.

soudainement d'un exutoire. Il me répète comme un mantra : « Je suis si attaché à ton corps, je n'arrive pas à me passer de ton corps, je suis dépendant de ton corps, j'aime ton corps. » Je ne comprends pas ce qui se cache derrière les mots et j'ai presque envie de lui demander : « Pourquoi te faudrait-il te détacher de mon corps ? » Je me tais, je m'abandonne.

Nous nous aimons avec nos vêtements de femme et d'homme sauvages. Nous savourons différentes positions pour choisir, par la nature même de la communion de nos corps, la meilleure. Celle qui nous permet de nous unir de façon tantrique. Il n'y a plus de mouvement. Tout est là, l'énergie est à son paroxysme, les sens sont éveillés. Naturellement, une respiration s'installe, nous accumulons la force de vie à la base de la colonne vertébrale pour la diriger jusqu'à la tête.

Je suis étonnée de l'expérience que nous sommes en train de vivre. Pour la première fois, Nataraj arrive à contenir sa force vitale : il est à la fois en moi, tout autour de moi et aussi en lui.

Le mouvement respiratoire continue et nous nous suivons, nous sommes unis. Je sens que mon chakra de la couronne[7] commence à se déployer. L'énergie monte, la vague orgasmique envahit nos cellules. Un cri d'amour émane de mon partenaire. De mon côté, c'est un cri de douleur, car ma voûte céleste vient de se refermer. C'est si douloureux que je me tiens le crâne à deux mains.

Mon partenaire est transfiguré par l'extase.

Nos corps reposent en silence. Ma tête me fait souffrir. Mon regard se dirige vers les éclats du soleil couchant.

— J'ai enfin trouvé la clé, me dit Nataraj.

---

7. Le chakra de la couronne, ou voûte céleste, est un centre d'énergie situé au niveau de la fontanelle supérieure et relié à la glande pinéale. Ce centre d'énergie s'ouvre à travers le développement spirituel de l'individu.

CHAPITRE 16

La voie du cœur

Villa L'Hacienda, République dominicaine,
le 23 décembre 2000, 18 h

*L*e soleil descend lentement derrière la maison. Ses doux rayons
de fin d'après-midi créent une brume enveloppante orangée. Je suis
assise sur le canapé de la véranda à côté de mon frère aîné Philippe,
nous contemplons toute cette beauté, les yeux mi-clos. Je le regarde, il est
tout orange. Nos pieds nus, appuyés sur la table à café, se touchent.
Avec mon pied, je le chatouille comme lorsque nous étions petits. Je
l'agace et ça fonctionne ; il trace tout de suite une ligne imaginaire pour
séparer le territoire de nos orteils respectifs, comme autrefois. Nous nous
sourions, puis portons un toast à notre santé.

Nous écoutons After the Gold Rush. La voix singulière de Neil
Young s'accorde parfaitement aux teintes du crépuscule. J'essaie de
chanter dans la même tessiture que lui. Je casse les oreilles de Philippe.
Marie apparaît dans la véranda, vêtue d'une longue jupe grise perlée.
Elle semble flotter, la magnifique. Nataraj commence son théâtre.

— *Tu nous quittes ? Comment oses-tu nous abandonner !*

Marie Lise joue le jeu en nous quêtant de doux baisers sur son
passage. Puis, du haut de l'escalier, nous la chassons tous les trois du
revers de la main.

— Et que l'on ne te revoie pas de sitôt !

— Ne remettez plus jamais les pieds ici !

— Oh ! Grande traîtresse !

Nous admirons tous secrètement sa grâce. Elle passe le portail de la maison et disparaît dans la lueur orangée. Nous la reverrons plus tard à la discothèque du village. Son amie Rose l'attend pour le souper. Nataraj avait lui aussi des projets, mais, pour une raison inconnue, il nous annonce qu'il restera avec nous et que nous mangerons ensemble. Il repart à la cuisine et revient avec une bouteille de blanc.

Sur la table, j'ai déposé trois petits coquillages de couleur abricot qu'il m'a offerts aujourd'hui. Je les trouve parfaits, leur forme, leur teinte, le son qu'ils produisent à mon oreille. Dès que je les ai vus, je les ai associés à Marie Lise, à Nataraj et à moi. Je les regarde en prenant le temps d'y allier des images qui flânent en moi.

Nous sommes charmés à l'idée de passer un moment avec Nataraj. Bien que nous l'ayons rencontré plusieurs fois, nous n'avons jamais partagé un repas seuls avec lui. J'ai plein de questions à poser au guérisseur. Tout en terminant l'apéritif, je mets le repas dans le four, puis je vais me changer.

Je me sens enveloppée par le rayonnement de la lune qui se lève et par le mouvement du vent qui agite les palmiers. Je choisis de porter une robe d'un bleu très clair, presque blanc. Mes cheveux longs, foncés, descendent le long de mon cou. J'enfile mes petites savates noires. Cousues de paillettes, elles réfléchissent la lumière qu'elles rencontrent, leur son est subtil mais annonce ma présence à chaque pas. Mon verre est vide, je cours le remplir et me mettre à table.

Nataraj est vêtu de noir. Il est beau et grand, sa chevelure blonde est splendide. C'est lui, maintenant, le soleil dans la nuit. Ses vêtements amples suivent les mouvements du vent des montagnes. Il change ma cassette de Neil Young pour un CD de St Germain ;

Marie et lui l'écoutent tous les soirs. La chanson Rose Rouge *débute et le chanteur commence :* « I want you to get together, put your hands together one time, I want you to get together[8]… » *Puis c'est la trompette et le saxophone qui dialoguent sur des percussions jazz. En dansant, nous apportons le repas à table. Un sentiment de liberté m'habite, on marche-danse, je prends des airs de grande dame dans ma petite robe bleue, je me déhanche, je rigole. Puis, comme un garçon, je saute sur le canapé. À table !*

Nataraj demande à Philipe comment il vit sa relation père-fils. Les yeux clairs de celui-ci s'illuminent !

— Euh… Bien, je dirais que je vis une bonne relation avec mon père. On est très proches.

J'interviens :

— Oui ! Ils sont tous les deux gémeaux.

— On passe pas mal de temps ensemble, on a beaucoup d'intérêts en commun…

— Ils marchent exactement de la même façon !

Je demande ensuite à Nat :

— Quel est le moment spirituel le plus important que tu as vécu ? Ou bien le premier grand moment.

— Il y en a eu plusieurs, mais une grande expérience spirituelle m'est arrivée quand j'étais beaucoup plus jeune, juste après l'université. Je faisais un stage en Afrique avec une équipe de géologues. Un jour, dans le désert, j'ai rencontré un chaman. Nous nous sommes aperçus, approchés, puis assis l'un en face de l'autre. Dans la chaleur du désert, nous nous sommes regardés, puis, sans pouvoir expliquer comment, nous nous sommes profondément rencontrés, je veux dire par là que nos âmes se sont touchées sans que nos corps physiques entrent en contact. Je me suis senti enveloppé d'un amour

---

8. « Je veux que vous vous réunissiez, réunissez vos mains une fois, je veux que vous vous réunissiez. »

inconditionnel. Un amour qui ne nous appartenait pas, ni à lui, ni à moi. Je rencontrais tout simplement la vibration de l'amour, de la vie. J'ai reçu cette vibration, puis il m'a dit que j'étais un guérisseur. Nous nous sommes séparés, je ne l'ai plus jamais revu.

— *Woahh…*

Philippe, lui, écoute avidement Nataraj. Il est touché par son discours, lui qui médite depuis déjà quelques années. Nataraj reprend :

— *Il est important de suivre la voie du cœur. Tous la portent en eux, il faut être capable de l'écouter. C'est souvent difficile, mais il faut la suivre. Si j'avais un conseil à vous donner, ce serait celui-ci : suivez la voie de votre cœur.*

Nous le regardons avec un léger sourire. Je crois saisir ce qu'il nous dit. Il parle de ce sentiment profond d'urgence que l'on éprouve tous parfois… de prendre ou de ne pas prendre une décision, de sentir que son corps entier est impliqué, de savoir inconsciemment, l'intuition ? Peut-être que tout cela est lié…

Nataraj poursuit :

— *À 50 ans, j'ai l'impression de m'être réalisé.*

Je le fixe, il me regarde, il sourit.

— *Vraiment ! Si je devais mourir demain, j'aurais le sentiment de m'être réalisé pleinement.*

CHAPITRE 17

Libre d'aimer

Los Peñascos, le 23 décembre 2000, 18 h 30

Rose, ma racine québécoise dans ce pays, m'attend pour manger. La magie, souvent l'invitée de nos rencontres, est présente au rendez-vous. Témoin de cette grâce, j'écoute les mots qui sortent de ma bouche. Mon amie de longue date me pose des questions sur mon couple ou sur mon non-couple/couple. Nos rires font écho dans cette cuisine réchauffée par les multiples bougies. Est-ce l'effet du vin qui délie nos langues, nos cœurs et nous permet de parler ainsi de l'amour? Est-ce l'alchimie créée par cette amitié profonde qui ouvre la voie de la profondeur?

— Oui, j'aime. Jamais je n'ai autant exploré le détachement dans l'amour. Laisser Nataraj vivre ce qu'il a à vivre sans interférer.

Les yeux de mon interlocutrice brillent d'excitation.

— Comme cela me fait du bien de t'entendre. J'ai toujours su que l'amour n'est pas une prison. C'est merveilleux que vous puissiez vivre cela sans rien vous cacher l'un à l'autre. Est-ce que vous vous dites tout?

Plus Rose me questionne sur ma relation avec Nataraj, plus je sonde mon cœur et réponds dans l'authenticité.

— Selon notre éthique, nous devons nous dire si nous voyons quelqu'un d'autre, mais sans entrer dans les détails, dans le descriptif. Nous devons aussi dire si notre cœur est profondément impliqué ou non. Plus nous nous libérons des bons vieux conditionnements, plus nous osons perdre les formes anciennes, plus nous sommes heureux d'être ensemble, libres d'aimer.

— Ha ! Si tous les couples pouvaient vivre cela !

— Je ne crois pas posséder une formule qui s'applique à tous. Chose certaine, la tendance dans les couples est d'attendre que l'autre satisfasse tous les besoins et réponde à toutes les attentes. J'ai bien vécu ces illusions. Comment deux êtres peuvent-ils évoluer dans un enfermement affectif ? Si tu savais comme j'ai vécu la prison à deux ! Je t'avouerai que c'est tout un exercice de conscience et de présence que de vivre l'engagement dans une autre façon d'aimer.

— Bravo pour votre couple hors normes !

Le vin rouge fait son effet, mon amie s'emporte. Par la fenêtre, la pleine lune se lève. Le silence est de mise devant la beauté du spectacle. Le vent fait vaciller la flamme des bougies.

— Pour ma part, plus je grandis, plus je découvre que la liberté d'aimer est nécessaire. Elle donne l'espace pour se rencontrer, non seulement dans le couple, mais surtout avec soi-même. Tu sais, Rose, c'est important de se connaître pour aimer librement. Beaucoup pensent qu'une union libre veut dire coucher à gauche et à droite. Être libre d'aimer est un réel engagement.

La nourriture devant moi attend que je la consomme. Je fais une pause.

— Mais n'arrête pas là, continue !

Décidément, le vin aime mon amie.

— La liberté est comme le fil du funambule, quelquefois elle est une lame à double tranchant. Sans discernement, elle est propice à bien des projections et des conditions. Nous sommes les plus grands outils de notre bonheur. Combien de fois ai-je demandé qu'on me laisse libre, pour réaliser que c'est moi qui m'emprisonnais ?

— Hum !

— J'ai entraîné mon mari dans une initiation, et devine qui est initié ?

Les mots coulent de ma bouche comme la cire des bougies, le cœur de mon amie les reçoit. Rose parle, elle raconte combien elle est inspirée de nous voir tous les deux nous aimer avec tant de respect. Rose qui a besoin de modèles d'amour devant elle. Rose qui a soif d'amour et de liberté.

CHAPITRE 18

Amortie

Villa L'Hacienda, République dominicaine,
le 24 décembre 2000, 1 h 20

*Sous le bureau, je respire à peine. Je ne sens plus mon corps.
Pliée en deux, je fais la morte. Mon cœur a cessé de battre. Je
ne vois plus, mais j'entends toujours. Un bourdonnement continu.
Le coup de feu m'a rendue sourde. Toute cette obscurité m'aspire. Le
temps n'existe plus. Je m'abandonne. Je disparais à chaque instant.*

— Julie, es-tu là ? Réponds-moi.

*Combien de temps s'est écoulé ? Une voix se mêle au bour-
donnement. J'entends mon nom. Quelqu'un appelle à l'aide.
Mon cœur se remet à battre, de plus en plus vite. Puis je me mets
à trembler. Mes yeux sont maintenant ouverts, les avais-je vraiment fermés ? Je ne sais plus. Comme au théâtre, le rideau vient
de se lever. Un rai horizontal apparaît, se développe, enfle. Les
objets de la chambre à coucher prennent forme. Ma vision mono-
chrome s'affine. Je réalise que je ressens une pression constante
sur le côté droit du corps. Parce que je suis couchée par terre,
sous le bureau. Les pieds nus de Marie Lise avancent vers moi, je
les reconnais.*

— Je suis là… Marie… dis-je d'une voix inaudible.

Je tends la main. Mon visage sort de l'ombre. Le sien se penche vers moi.

— Il est parti. Il ne reviendra plus. Tu peux sortir.

Sa main agrippe la mienne puis, comme un chat, je sors de sous le bureau par l'ouverture étroite qui me ramène sur scène. Comment ai-je pu arriver ici par cette ouverture ? Marie me parle, mais je l'entends à peine. Les bourdonnements prennent toute la place. J'ai de la difficulté à me diriger dans l'espace. Mes mouvements sont amortis, mon corps est si lourd. Il me manque tout de moi. Je suis prise dans un champ parallèle à l'action. Dans mes mains, je serre toujours le petit torchon à carreaux rouges et blancs.

— Julie, aide-moi ! Va chercher la couverture et des oreillers.

Mon cœur et ma gorge sont si serrés que j'ai du mal à respirer, du mal à parler. J'entends à peine. Je crois comprendre ce que l'on demande, mais je suis incapable de bouger. Me déplacer exige toutes mes forces. Il me vient cette impression d'avancer au ralenti, de me diriger à contresens. Je veux aller à droite, mais je vais à gauche. Je réussis à trouver la couverture aux motifs de samouraïs. Ces guerriers lui donneront du courage.

Marie, assise par terre, tient Nataraj dans ses bras. Ses jambes sont allongées, son torse redressé. Il nous a protégées. Il m'a sauvée. Nous le sauverons à notre tour. Je ne cesse de me répéter qu'il faut aller chercher de l'eau, mais je reste immobile. Je ne maîtrise plus mon corps. Je vois rouge.

Marie prononce :

— Ne pars pas. Reste avec nous, reste avec nous.

La balle l'ayant touché à l'épaule, pourquoi a-t-il cette bulle de sang aux commissures des lèvres ? J'accroche le regard perdu de Marie. Je me mets à chantonner une ballade, une valse improvisée. La douleur et les bourdonnements continuels me rendent folle. Me calmer, je dois me calmer, tenter de calmer Marie. Fredonner ces notes, c'est ma façon à moi d'inciter Nataraj à rester avec nous. Des larmes glissent sur mon visage, le long de mon cou.

Je n'ai jamais rien vu d'aussi beau, d'aussi grand et d'aussi triste.

Marie, en pleurs, est assise par terre, tenant son amour dans ses bras. La tête de Nataraj s'affaisse, ses yeux se révulsent. Je me laisse tomber sur les genoux à côté d'eux.

Des hommes armés, gardiens et voisins, dérangent notre étrange trio. Ils ont entendu les coups de feu et mon cri dans la nuit. Deux d'entre eux font le tour de la maison pendant que les autres transportent Nataraj à l'arrière de la camionnette.

Sur la route, absorbée par mon chant, la main de Marie dans la mienne, je prie pour l'âme de celui qui nous a protégées. Je sais qu'il me faudra revenir au réel, affronter l'angoisse et la culpabilité. Je laisse lentement ces sentiments s'infiltrer en moi.

Ce choc qui nous ouvre en deux est un moment d'horreur,
mais aussi d'éveil... Ce heurt nous sort de notre torpeur et
nous réveille à la possibilité qu'il existe quelque chose de plus grand
que nous ; qu'il existe l'implacable mort et la vie à l'état brut,
dépouillés des apparats. Nous sommes soudainement
en contact avec l'autre côté du miroir[9].

9. *Le choix de vivre* et *Le point de rupture, op. cit.*

CHAPITRE 19

La fuite

République dominicaine,
le 24 décembre 2000, 1 h 30

L e Balsero vient de tuer. Il n'en avait pas l'intention, mais il a bel et bien donné la mort. Il ressent des décharges d'adrénaline dans tout son corps. Il court et enfourche sa moto. Comme un animal traqué, il s'enfuit dans les montagnes. Ses pensées se bousculent. Revendre son arme et partir.

Il secoue la tête. Il vient d'assassiner le grand Canadien. Il n'avait pas prévu se retrouver nez à nez avec lui. Ce *coño* l'a reconnu. Il aurait dû se masquer le visage. Tout est foutu.

Une envie de vomir lui monte à la gorge. Il vient de tuer pour la première fois. La colère l'envahit et la peur le tenaille, comme d'immenses pinces se resserrant sur son ventre.

La fille l'a vu. Quel idiot de ne pas avoir porté de masque! Elle va témoigner. Il est foutu.

En haut des collines, il arrête sa moto et attend. Les battements de son cœur affolé l'empêchent d'écouter la nuit. Sont-ils à sa poursuite? À qui vendre son arme? Pourquoi ne pas la jeter là, dans les buissons? Non, il a besoin d'argent. Figé, il regarde les rayons argentés de la lune éclairer la mer. Dans ses poches, il trouve le billet de 100 dollars chiffonné. Il a tué pour 100 dollars !

Abasourdi, il tremble. Il a tiré, il a perdu le contrôle. La police va retrouver les balles. Et il n'a pas assez d'argent pour fuir.

Les jappements des chiens de ferme le sortent de sa torpeur. Sont-ils à sa poursuite ? De nouveau, il écoute la nuit. Lui vient une idée folle. Et s'il ne fuyait pas ? S'il revendait son arme ? Il pense à l'autre, celui qui vit dans les cavernes d'Abreu. Son ami Angito, le fou des armes ! C'est l'homme idéal à qui faire porter le chapeau.

Il dirige sur-le-champ sa moto vers les grottes d'Abreu. Les phares éclairent les chemins de pierres qui le conduisent au repère du bandit. Le Balsero scrute la nuit où sa vie vient encore une fois de changer.

CHAPITRE 20

La folle de douleur

Vieux-Montréal, mars 2000, 16 h

Au volant d'une voiture, je monte une côte abrupte. Il pleut si fort que je dois me concentrer au volant. Une femme surgit de nulle part pour traverser la route. Je manque de la renverser. Elle semble perdue, hagarde. Elle a les cheveux longs, hirsutes, comme ceux d'une sauvagesse. J'accélère instinctivement. J'ai peur. Cette femme est folle. Je sais qu'elle est folle. Sa démence me fait craindre le pire. Dans le rétroviseur, je la vois qui court après moi. Telle la femme bionique, elle court aussi vite que l'auto. J'appuie sur l'accélérateur pour lui échapper. Les battements de mon cœur accélèrent. Je crains qu'elle ne me rattrape. Je sors de mon rêve.

* * *

— Voilà, Nicolas, le cauchemar se termine ainsi.

Tout en le lui racontant, je peux sentir la tension intérieure que le rêve provoque en moi.

Mon analyste de rêves m'incite à me détendre. Il me dirige dans une imagination active[10] pour aller à la rencontre de cette partie de moi.

Étendue sur un divan, j'ai de la difficulté à accepter que cette femme fasse partie de mon monde intérieur. C'est donc sur la pointe des pieds que je pars à sa rencontre. Petit à petit, l'énergie de la dernière scène du cauchemar m'envahit.

— Où êtes-vous? me questionne Nicolas de sa voix douce et profonde.

— À l'orée d'un bois dans lequel la femme bionique a pénétré.

— Tentez de la suivre pour voir où elle va.

— Elle est assise sur ses talons, repliée sur elle-même.

— Approchez-vous d'elle tout en la prévenant que vous êtes là.

Je résiste à la suggestion de Nicolas. Cette femme que je n'ai jamais rencontrée auparavant me donne la chair de poule. Qui est-elle? Que me veut-elle?

— Où êtes-vous? Que se passe-t-il maintenant?

— Je la regarde. Elle pleure, elle est prostrée.

— Demandez-lui pourquoi elle pleure ainsi et si elle a quelque chose à vous communiquer.

Mon cœur se serre. Je ne veux pas de cette tristesse en moi. Je ne veux pas entrer en contact avec cette femme.

— Est-ce qu'elle communique avec vous?

À ces mots, la femme tourne son visage vers moi. Il y a tant de tristesse et de désolation qui émane d'elle que j'en sursaute. La gorge tendue, je réponds à Nicolas:

— Elle est folle de douleur.

———

10. Imagination active: méthode jungienne pour dialoguer avec l'inconscient.

Instinctivement, je cherche à me protéger d'elle. J'ai peur de sa douleur.

— Demandez-lui quelle est sa douleur.

Avec de multiples précautions, je m'approche d'elle et lui demande de quoi elle souffre.

— Je porte la douleur des femmes qui ont perdu leur homme à la guerre, des mères qui ont perdu un enfant, de toutes celles qui ont perdu leur mari dans la violence.

Je répète ce qu'elle me dit à Nicolas. Je suis tellement surprise que j'ai du mal à la croire. Je ne comprends pas ce qu'elle fait en moi. Je n'ai perdu ni enfant ni mari. Quel est le lien avec moi ?

— Demandez-lui ce qu'elle vous veut.

J'obtempère par respect pour le processus et pour Nicolas. S'il n'en tenait qu'à moi, je sortirais immédiatement de l'imagination active. J'en ai assez. J'ai fait mon devoir, je suis allée rencontrer la folle de douleur. À contrecœur, je lui pose la question.

— Que me veux-tu ?

— Aide-moi à porter la souffrance des femmes qui ont perdu leur mari.

J'en informe Nicolas sur-le-champ tout en ressentant une sorte de dégoût pour cette partie de mon inconscient qui s'exprime.

— Remerciez-la et dites-lui que vous l'aiderez. Dites-lui que vous ne savez pas encore comment, mais que vous prenez son appel à l'aide en considération.

Je répète mot à mot ces formules de politesse. Je sors de l'imagination active en remerciant mon inconscient.

Mon analyste finit de prendre des notes.

Cette rencontre m'a bouleversée. Je tourne la tête vers Nicolas qui semble aussi perplexe.

— Il y a quelque chose de mystérieux dans ce cauchemar. Se pourrait-il qu'un jour vous puissiez écrire un livre sur la douleur des femmes ? Un livre qui serait inspiré par cette femme archétypale en vous qui insiste pour communiquer ?

— Un livre ?

J'observe les dernières lueurs du soleil baigner le loft d'une lumière ambrée.

Je nage dans le mystère de mon monde intérieur.

CHAPITRE 21

Il n'est pas mort

Nagua, République dominicaine,
le 24 décembre 2000, 2 h

La camionnette Nissan se dirige à vive allure vers la route nationale, en direction de la ville de Nagua. Nous venons de franchir la grille du complexe, cette même barrière qui s'est refermée il y a à peine quelques heures sur mon mari, vivant. Il gît désormais nu, enveloppé d'une couette, à l'arrière du même véhicule. Ma tête ne fonctionne plus.

Les images se bousculent : l'arrivée de mon voisin, les gardiens du complexe immobilier, mon intendant, tous essayant de soulever le corps lourd, blessé par balle ; Julie perdue qui suce son torchon ; moi, pieds nus, la jupe maculée de sang. Les efforts pour soulever le corps. C'est un cauchemar. Je vais me réveiller.

Rolland, mon intendant, a pris le volant. Deux gardiens et mon voisin sont auprès de mon mari sur la plateforme de la camionnette. Assise sur la banquette arrière, Julie a glissé sa main inerte dans la mienne. De ses yeux vides s'écoulent des rivières. Son regard est fixe. Je dois me réveiller et faire quelque chose.

— Ils vont arrêter l'hémorragie interne, extraire la balle.

J'essaie de nous rassurer. Je parle de l'opération qui attend Nataraj à la clinique.

Rolland est livide. Je me demande s'il peut conduire. Lui aussi est en état de choc. Il y a quelques mois à peine, il a découvert son meilleur ami, suicidé dans un véhicule.

— Il n'est pas mort!

Aussitôt ces mots prononcés, je sais que je viens de dire une absurdité, car il est mort, bel et bien mort. Je le sais, Rolland le sait, tout le monde le sait.

— Rolland, qu'est-ce que tu en penses? N'est-ce pas qu'ils vont l'opérer?

Il me répond par un hochement de tête. Une partie de moi n'arrive pas à croire qu'il est mort. Cette autre moi-même parle d'opération, d'extraction, d'arrêt de l'hémorragie. Elle essaie de rassurer Julie. J'entends encore la voix qui me répétait de préserver la vie. C'est ce que je fais, préserver ce qui reste de vivant : Julie, moi…

Je pense au pacte amoureux proposé à mon mari en mars dernier : perdre toute forme pour se retrouver.

— Je ne peux pas croire qu'il a choisi de perdre toute forme.

Rolland me regarde. Est-ce que je viens de parler à voix haute? Je ne peux pas croire qu'il a choisi de partir ainsi. Non! Nataraj est très fort, il va renaître de ses cendres. C'est un guérisseur. Je suis certaine qu'il peut revenir d'entre les morts. Je suis en plein délire! Je ne sais plus rien, je le croyais invincible, immortel.

Mon corps est parcouru de frissons. Qu'est-ce que je fais ici, assise dans le camion? Je devrais être à l'arrière, à tenir la main de Nataraj.

— Il est mort, Marie Lise. Il est mort, préserve la vie. Préserve ton énergie, tu en auras besoin.

Toujours cette voix intérieure qui me parle, qui me guide. Par réflexe, je touche mon front pour me sentir vivante. La main frêle de Julie tire sur mes boucles. J'ai l'impression étrange qu'elle lit dans mes pensées.

— A-t-on idée de fermer une clinique le 24 décembre !

La voix de Rolland me ramène à l'horreur. La première clinique que nous voyons est fermée. Je regarde cette route que je connais par cœur. Nous venons de dépasser la discothèque où, il y a à peine deux heures, je dansais éperdument avec mon mari. Est-ce possible ? Son extase de cet après-midi. Je ne suis pas folle, il a bien dit : « J'ai trouvé la clé. »

C'est la clé pour partir, qu'il a trouvée.

Je crois que je perds la raison.

Je regarde à nouveau par la fenêtre. Tout est là, la vie semble continuer, je vois l'auto de Sunny. Mes amis sont là à s'amuser. Ils sont dans l'innocence. Moi, je suis marquée au fer rouge par la mort. Ma vie a basculé, et même ce décor connu me semble désormais étranger. Derrière la vitre de la camionnette, je me sens dissociée des autres, comme si l'auto m'emportait vers un tout autre destin qui n'est pas le leur.

C'est l'horreur. Ma vie ne sera plus jamais la même. La prémonition s'est réalisée.

Nous arrivons enfin à la clinique de Nagua. Les hommes descendent le corps. Il est lourd, tellement lourd. Je lis l'affolement dans les regards des deux infirmières qui nous reçoivent.

— Cet homme est mort, déclarent-elles.

— Vite, vous devez lui faire une transfusion.

Ma voix chevrote. Je soulève le bras de Nataraj. Il est si lourd. Je leur montre son bras. Une des infirmières le prend et me fait comprendre qu'elle ne peut pas y planter une aiguille. Il est mort. La seconde infirmière appelle une autre clinique et informe un médecin que nous nous y rendons. Elle lui annonce qu'il s'agit d'un meurtre, que lui seul peut déclarer l'homme mort, qu'il faut prévenir la police.

La révolte gronde en moi. La louve s'est réveillée. Je voudrais sauter à la gorge de l'infirmière. Elle n'a pas le droit de décréter que mon mari est mort.

— Vite, nous devons aller à l'autre clinique !

La voix de Rolland me sort de mon état sauvage.

— Rolland, ils sont fous. Ils doivent l'opérer sur-le-champ ! Il ne faut plus le bouger.

Personne ne m'écoute. Ils ont déjà remis le corps dans la camionnette et me font signe de remonter. Quelques rues plus loin, je vois un médecin flanqué de deux infirmières qui nous attend sur le seuil des urgences. Quand va s'arrêter cette folie ?

— C'est fini ! Calme-toi ! me dit la voix en moi.

Le médecin reçoit le corps et s'isole avec ses infirmières derrière un rideau. Jacques, mon voisin, m'entoure de ses bras. Où est Julie ? J'ai oublié ma nièce !

Elle se balance au rythme d'un chant intérieur sur une chaise de la clinique. Elle fixe une petite fille assise qui, comme elle, attend. Julie ! Je me dirige vers elle pour l'enlacer, mais je suis arrêtée dans mon mouvement par la voix du médecin qui m'appelle derrière le rideau.

— *Doña*, votre mari est mort depuis une heure. Il est mort d'une hémorragie interne. La balle a pénétré son bras gauche, a traversé le poumon gauche en causant un pneumothorax, et a finalement sectionné l'artère pulmonaire.

Le médecin parle à voix basse.

Je regarde Nataraj. J'ai l'impression qu'il va se réveiller, qu'il va se relever devant nous. Comment a-t-il pu mourir, lui l'invincible, le fort, le guérisseur ? Je lui intime un ordre télépathique :

— Réveille-toi ! Sors de ton sommeil ! Tu en es capable. Sors de la mort !

Quelqu'un me glisse un calmant dans la main. Comme un automate, je prends le verre d'eau que l'on me tend. J'avale la pilule sans rien dire.

— Docteur, je veux voir le trajet de la balle. Je veux voir ce que vous venez de me décrire. Je veux des preuves.

Le médecin me regarde, décontenancé par ma demande. Jacques la traduit dans un espagnol plus pur. Je perçois une hésitation, puis il décide de prendre une radiographie du thorax.

Julie pleure et gémit à voix basse. Je m'approche d'elle pour mieux l'entendre.

— C'est ma faute, c'est ma faute : j'ai tué ton mari.

Je la berce en silence et je lui dis que je l'aime, que rien au monde ne va nous séparer, qu'il n'y a pas de fautive. S'il doit y en avoir une, c'est moi. J'ai toujours été celle qui se lève la nuit. J'ai le sommeil très léger. C'est moi qui aurais dû mourir. C'est moi qui aurais dû ouvrir la porte.

Rolland me fait signe, il veut me parler sans que Julie soit présente. Je demande à boire. C'est instinctif, il faut que je boive beaucoup d'eau, car je suis en état de choc. Je dois protéger mes glandes surrénales.

— Ils ont appelé la police, le colonel et Interpol. Il faut se préparer, car ils vont interroger Julie. Ils vont aussi t'interroger.

Je le regarde comme s'il était fou.

— Mais, pourquoi ?

J'entends mon voisin Jacques prononcer très calmement :

— Mais, Marie Lise, c'est un meurtre. Ton mari vient d'être assassiné.

— Tant que je n'aurai pas vu le trajet de la balle, je ne serai pas certaine qu'il est mort.

J'accueille la partie de moi qui doute encore de l'horreur de ce qui se trame.

Le médecin revient avec les radios et m'indique le trajet de la balle. Puis il me demande de signer un document authentifiant le décès de Nataraj, à telle l'heure. Le constat est établi : « *Señor Robert Éthier, Canadiense, matado por pelota (bala) el 24 de diciembre de 2000 a la 1 h 20.* »

CHAPITRE 22

Le mouvement du sabre

République dominicaine, le 23 novembre 1999, 16 h

La camionnette roule trop vite. Les yeux fermés par l'appréhension, je prie Dieu, les anges et tous les saints de nous protéger. Une énergie de révolte indéfinissable jaillit dans mon corps. Ma vie repose entre les mains de mon mari qui conduit comme un fou. Je dois lui parler pour l'arrêter.

— Où vas-tu ainsi, à cette vitesse ?

La colère habite ma voix.

— J'ai hâte d'être à la maison, d'ouvrir la bouteille de champagne et de célébrer mon anniversaire. J'ai 49 ans aujourd'hui !

La voix de Nataraj est tout aussi tendue que la mienne.

— Et pour cadeau, tu veux avoir un accident ?

Ma question est impitoyable, chargée d'une énergie virulente. Elle tombe entre nous comme un couperet. Le silence qui s'ensuit est éloquent. Mes pensées se bousculent au rythme du paysage qui défile si rapidement. Se rejoue en moi une scène du passé. J'entends de nouveau la voix de Nataraj me téléphonant de Paris :

— Je suis tellement mal que j'ai envie de me jeter sous le métro.

— Qu'est-ce qui se passe ? dis-je avec inquiétude.

— Depuis que je suis sorti de thérapie, hier, je n'ai qu'une envie, celle de mourir.

— Avec qui es-tu en ce moment ?

— Je suis seul.

— Rappelle ta thérapeute, c'est une urgence.

— Elle est partie en vacances. Je viens de terminer le premier stade du travail.

— Tu ne peux pas t'arrêter là, Nataraj. Écoute-moi bien : laisse un message d'urgence à ta thérapeute.

Deux années se sont écoulées depuis cet appel. Depuis lors, une pulsion de mort monte en lui le jour de son anniversaire et prend toute la place. Désir de mort, peur de vivre, peur d'entreprendre un changement profond, tout cela forme un grand mouvement de balancier qui prend possession de lui et l'entraîne vers des pensées sombres. Nataraj n'a pas voulu terminer sa thérapie profonde. Insatisfait des résultats, profitant d'un congé de la thérapeute, il a tout arrêté en plein mouvement des profondeurs. Depuis, le jour de son anniversaire, il se retrouve coincé dans une carapace de désespoir et d'impuissance, avec cette envie de mourir qui teinte sa vie, son regard et ses gestes. Cette poussée de son inconscient surgit telle une mémoire ensevelie qui cherche à faire surface.

Des enfants courent le long de la route. En République dominicaine, les gens vivent dehors. Le bord de la nationale est leur terrain de jeu. La camionnette folle pourrait les écraser. Je serre les mâchoires.

— Nataraj, ton inconscient t'informe, te parle. Tu conduis comme si tu voulais mourir ou tuer quelqu'un. Cela fait deux ans que tu es ballotté par ces forces inconscientes.

J'ai même l'impression que ton désir de mort et ton état dépressif augmentent d'année en année. Réalises-tu que tu as mis fin abruptement à une thérapie profonde ? Tu ne peux plus continuer ainsi, c'est dangereux. Change de thérapie ou de thérapeute, s'il le faut, mais retourne consulter quelqu'un.

Tout en agrippant la poignée de la portière, je réalise que mes mots ne s'adressent pas qu'à Nataraj. Mon instinct me met en garde. Oui, il y a danger, et la menace m'atteint au plus profond de moi. Je suis liée à cet homme, liée à cette âme. Quelque chose se rejoue pour moi, mes sens sont alertés. Du coin de l'œil, je perçois qu'il prépare sa réponse.

— Marie, je ne sais pas… En plus, fais-moi confiance. Tu sais que je suis un bon conducteur. Je parcours les routes dominicaines depuis bientôt 15 ans.

Ses paroles ne font qu'attiser ma colère. Il fait l'innocent ! J'observe son profil : mâchoires tendues, rictus exprimant dépit et souffrance. Je ravale les phrases qui ne feraient qu'attiser son comportement dangereux.

La Nissan amorce le dernier virage. La peur m'a épuisée. Mon corps est secoué de tremblements intérieurs. Des images se succèdent dans ma tête. Une multitude de souvenirs hantent les cellules de mon corps. Ces fois où la folie de Nataraj au volant aurait pu nous entraîner, son fils et moi, dans la mort. Je ne veux plus vivre cela. Je descends de la voiture courbaturée. Alors qu'il se dirige vers la villa, je prends le chemin du pavillon d'écriture.

— Tu viens me rejoindre pour le champagne ?

Sa voix est inquiète.

— Non, j'en ai marre de ta folie.

En m'éloignant de lui, je tente de retrouver mes esprits. La beauté des jardins m'apaise un peu. Arrivée au pavillon d'écriture, ma *cassita*, je m'allonge sur mon lit d'écrivain. Mon corps vibre encore de colère. Que puis-je faire pour l'aider ?

— Ton mari est responsable de sa vie, me répond ma voix intérieure.

La tristesse vient masquer ma colère. Je laisse couler mes larmes. Ai-je d'autre alternative que de lâcher prise ? Qui suis-je pour vouloir contrôler Nataraj ? Il a sa vie, son rythme. S'il ne veut pas se rencontrer, c'est son choix. Et pourtant, il est maître Reiki, énergéticien ; il a la responsabilité de se connaître et, surtout, de ne pas se laisser ballotter par ses ombres. Je lui rappelle sans cesse qu'il doit s'occuper autant de lui que des autres. Sinon, c'est le déséquilibre. Le psychanalyste Carl Jung appelait cela l'« ombre du thérapeute ». Quand mon mari va-t-il s'occuper de son ombre ?

Au loin résonnent les accords d'un merengue[11]. La musique vient côtoyer mon monde intérieur. J'aime ce pays, c'est ma terre. C'est ici que j'ai rencontré Nataraj. C'est ici que j'ai réalisé mon rêve d'enfant : vivre aux Antilles, près de la mer, dans la chaleur. Une vie contemplative, guidée par le rythme de la créativité. Une terre d'écriture. Ici, l'inspiration est tout autour de moi. Ici, le temps n'existe plus. Ici, les habitants savourent la vie. Cela me change du rythme nord-américain, du rythme européen.

— Respire, Marie Lise, lâche !

Je me parle à haute voix. Finalement, il n'y a que sur moi et en moi que je peux agir. Je ne suis pas victime. Si je n'ai plus envie de subir ses états latents de dépression, si je suis révoltée par le fait d'être malmenée en auto, s'il veut conduire sa vie comme il conduit sa voiture, grand bien lui fasse ! Moi, rien ne me force à supporter cela plus longtemps.

---

11. Genre musical et danse apparus en 1850 en République dominicaine.

La colère en moi s'apaise. Il est temps d'aller le rejoindre, de l'informer de mon changement intérieur. Je sors du lit, mue par une nouvelle énergie. En arpentant les jardins, des pensées se profilent, des liens se mettent en place. Ma dépendance affective m'apparaît clairement. Il est temps que je quitte la symbiose. Ne pas suivre mon mari dans ses états intérieurs. Je n'ai pas envie de couler avec lui. Habitée de lucidité, j'ai l'impression de rejouer quelque chose d'ancien. Serait-ce à nouveau le scénario de ma vie intra-utérine?

Je traverse le jardin comme une nouvelle femme. Même les fleurs me semblent différentes, comme si elles n'avaient plus les mêmes couleurs. Je trouve Nataraj dans notre chambre. Il défait sa valise. Sa coupe de champagne repose sur le bureau.

— Nataraj, je refuse que tu joues avec ma vie. Regarde-moi bien dans les yeux: aujourd'hui, le 23 novembre 1999, je te dis...

Mon corps respire pour lui dire:

— Je refuse que tu m'entraînes dans la mort avec toi.

Mes mots et leurs vibrations sont suivis d'un geste de samouraï; mon bras s'est levé et, tel un sabre, il tranche l'énergie entre moi et mon mari.

CHAPITRE 23

État de grâce

République dominicaine,
le 24 décembre 2000, 2 h 30

M on mari est bel et bien mort. Sous mes yeux, les radiographies révèlent la réalité cruelle de la trajectoire du projectile qui a perforé l'artère pulmonaire. Cette petite balle a eu raison d'un grand homme. Il n'y a désormais plus de temps à perdre. Je dois accompagner son âme dans le passage. Toute mon attention se mobilise dans ce but.

— J'aimerais rester seule avec lui.

— Prenez votre temps, me dit l'infirmière.

Sa voix rassurante me rappelle qu'ici, dans cette île, on respecte les rituels de deuil et les temps de prière.

— Pouvez-vous m'apporter de l'eau pour que je lave mon mari ?

Je me glisse derrière le rideau. Son corps gît, nu, sur la table.

Je prends quelques instants pour me centrer et me recueillir. Je calme ma respiration qui devient profonde et régulière. J'entre dans un état de relaxation et d'acuité mêlées.

Avec l'eau et la serviette que l'infirmière m'a données, je commence le rituel sacré. Lentement, je nettoie les taches rouges sur l'oreille gauche et le bras, notamment l'endroit où la balle a pénétré. De son visage, je retire la terre ; de ses cheveux blonds, le sang coagulé. Je lui parle avec douceur. Ses lèvres, déjà, tournent au violet. Sa peau est froide. La vie se retire.

Ce sont nos derniers moments ensemble. Il est à la fois mort et tellement présent. Je rends grâce pour ce moment d'intimité. J'invite son âme à se diriger vers la lumière.

— Je t'accompagne au-delà du traumatisme que tu viens de connaître. Je ne te retiens plus.

Mes mots sont une prière.

— Va vers la lumière.

Moment de grâce, choc posttraumatique, je ne sais plus… Dans un état altéré de conscience, j'ouvre mes sens, mes perceptions. Je ressens sa présence, son essence. Dans cet univers subtil, j'ai l'impression de pouvoir encore le palper, le toucher, l'embrasser.

De l'autre côté du rideau, la voix de Rolland m'invite à aller parler aux policiers. À contrecœur, je quitte cet espace infini. Serait-ce notre ultime étreinte ?

Les policiers sont droits comme des piquets. Grades et médailles épinglés sur leurs costumes, les yeux bouffis de sommeil, ils sont à leur poste. Ils attendent près de ma nièce. Image irréelle. Je n'ai pas de temps à leur consacrer, je veux être auprès de mon mari. Le plus haut gradé m'offre ses condoléances. Il me répète que c'est un meurtre.

Un meurtre ? Non ! Une partie de moi bloque ce mot. Je viens de quitter la grâce, je ne suis pas dans leur univers. Je ne veux pas y entrer. Accompagner mon mari, voilà l'urgence.

Le colonel veut interroger ma nièce, et pourtant… ses yeux scrutent mon visage.

— Avez-vous été témoin du meurtre ?

— Je n'ai pas vu le meurtrier. J'étais derrière un rideau. Je l'ai vu sans le voir. Je l'ai senti. D'une certaine façon, je pourrais le décrire.

Naturellement, mes mains expriment le geste de ressentir. Pas besoin d'être devin pour comprendre que cet homme doute de mes paroles. La louve en moi se réveille, m'arrachant abruptement à l'état de grâce dans lequel j'étais plongée. Je me sens traquée. Mon système nerveux est à fleur de peau.

Mon regard va de lui à Julie. Je ne peux pas laisser ma nièce partir. Personne ne se rend compte qu'elle est en état de choc.

J'ai envie de hurler qu'on nous laisse tranquille! À deux pas de là, l'âme de mon mari poursuit sa route, tandis que je suis prisonnière de cette discussion en espagnol. Je comprends les mots «ambulance», «surveillance», «hôpital de Santiago[12]», «coroner»…

Une force me tire vers mon mari.

— Donnez-nous encore un peu de temps. Julie doit faire ses adieux à son oncle.

Ma voix n'est plus qu'un filet. Le colonel acquiesce d'un mouvement de tête. J'enserre Julie par les épaules et nous passons derrière le rideau. Je sens sous mon bras tout son corps qui se contracte.

— Julie, il est temps de parler à l'âme de Nataraj.

En silence, nous nous recueillons. Nous ne sommes pas seules. Il est là, je ressens son âme. Mon corps est parcouru de frissons. J'ouvre les yeux, le visage de Julie s'est détendu.

Le temps n'existe plus. Nous sommes deux mortelles fondues dans l'éternel.

---

12. Santiago de Los Caballeros, deuxième ville de la République dominicaine.

CHAPITRE 24

Elle aussi, sait

République dominicaine,
le 24 décembre 2000, 2 h 30

*L*e plancher de la clinique me glace les pieds. Devant moi, immobile sur une petite chaise de métal, une fillette me fixe. Mon
regard s'accroche au sien. Elle a la tête accotée sur l'épaule de sa
mère qui s'est assoupie. Elles se tiennent la main. Nous nous obser-
vons longuement. Elle aussi a de la peine. Nous pleurons en silence.
Elle ne me quitte pas du regard. Elle aussi, sait ; elle aussi est muette.

J'entends Marie Lise au loin. Elle est derrière un rideau vert,
auprès de Nataraj, avec le médecin et les infirmières. La rigidité
de leurs silhouettes et le ton de la conversation me donnent l'impression que Marie Lise mène un combat. Nataraj est déclaré
mort. J'entends Marie Lise pleurer, je n'arrive pas à faire le
moindre mouvement. Mon cœur éclate. Je suis responsable. C'est
moi qui ai conduit le voleur à la porte de sa chambre. C'est moi
qui ai tué Nataraj. Cette balle qui a perforé son poumon m'était
destinée.

La fillette n'a pas bougé. Ses yeux sont clos. Elle rêve. À sa
gauche, deux hommes en uniforme me regardent fixement. Ils sont
venus constater la mort de Nataraj. Ils sont venus m'interroger. Ils

sont venus me chercher. C'est tout comme si c'était moi qui avais tiré. Je m'en tiendrai responsable jusqu'à la mort.

Marie sort de la chambre, dans un état second : les cheveux en bataille, la robe tachée, le regard perdu. Nous restons un instant face à face, toutes deux pieds nus au milieu de la salle d'attente.

Les policiers nous dévisagent. Elle leur explique que je ne suis pas dans l'état de subir un interrogatoire. Ils reviendront.

Marie me prend dans ses bras et m'invite à passer derrière le rideau, là où repose le corps de Nataraj.

CHAPITRE 25

Angito

Abreu, République dominicaine,
le 24 décembre 2000, 2 h 30

— Angito, Angito, c'est moi, le Balsero. J'ai quelque chose pour toi.

La pleine lune éclaire le chemin des grottes où habite le fou.

Un bruissement de feuilles, suivi d'un grognement, rassure le Balsero. Angito est là. Mais, dans quel état? Est-il en plein délire?

Le Balsero se risque.

— J'ai un revolver pour toi. Allez, sors de ton trou.

— *Aqui*[13] ! Que me veux-tu?

— Te vendre une arme.

Angito apparaît, attisé par le mot «arme». Le Balsero reconnaît les yeux de cet homme, ils brillent de la lueur de la folie.

— Montre-moi.

Sa voix est rauque. Le Balsero hésite. Si l'homme lui sautait dessus? Malgré sa maigreur, habité par sa démence, il

---

13. Ici !

peut tout faire par pur plaisir de tuer. Étrangement, une femme et sa fille ont disparu, et l'on soupçonne Angito de les avoir tuées.

Le Balsero s'avance pour montrer son arme.

— Donne-moi 10 000 pesos.

Se défaire de l'arme, le temps presse. Il insiste.

— Allez, donne-moi ce que tu as et cette arme est à toi.

Pour toute réponse, Angito retourne dans la grotte. La lune éclaire suffisamment pour que le Balsero puisse voir Angito, émacié, s'accroupir pour fouiller la terre. Il revient et jette une liasse aux pieds du Balsero.

— Voilà, c'est tout.

Pendant que le Balsero ramasse les billets, l'autre s'empare de l'arme. Il l'examine à la lueur de la lune. D'une voix sourde, il annonce :

— *Pistola Alemán, muy bien ! Con esto, estoy dispuesto a visitar a un viejo amigo.* (Un pistolet allemand, très bien ! Avec ceci, je suis prêt à visiter un vieil ami.)

Le fou part à rire, ce qui glace le dos du Balsero. Vite, partir, quitter cette campagne, fuir… ce fou.

CHAPITRE 26

Les mondes parallèles

République dominicaine, le 24 décembre 2000, 8 h

— C'est trop petit.

La voix de Rolland est désabusée. Mon regard va et vient, de l'ambulancier au policier qui tentent de glisser la dépouille dans le sac noir de la morgue. Le corps de Nataraj est trop grand. Ils essaient tout de même, mal à l'aise, de fermer l'enveloppe d'où les pieds dépassent. D'un geste des bras, je leur signifie que c'est bien ainsi et qu'il n'y a rien d'autre à faire.

— Nataraj a vraiment de beaux pieds.

Cette phrase m'échappe, mais personne ne la relève. Nous accompagnons le corps jusqu'à l'ambulance. Après que j'aie signé un ixième papier, nous quittons la clinique. Éblouie par la lumière du matin, je cherche mes lunettes aux verres fumés. Un réflexe, car je n'ai rien avec moi. Les rayons du soleil viennent réchauffer mon cœur froid. Je regarde mes pieds, mes vêtements, mon corps. Je n'ai pas de chaussures, je suis nue sous ma jupe couverte de sang. Je porte, en guise de chemisier, le haut du pyjama de mon mari, qui pend jusqu'à mes hanches. Mes mains touchent spontanément mes cheveux hirsutes. Les images de mon rêve me reviennent. Aujourd'hui, je suis bel et bien la « folle de douleur ».

Mon cerveau s'active. Depuis quelques heures, je côtoie deux mondes : le paradis et l'enfer ; la beauté et l'horreur ; la vie et la mort. Comment ces mondes peuvent-ils vivre en parallèle ? Alors que je porte en moi l'effroi, la nature qui m'entoure n'est que douceur. Alors que je n'ai plus rien, la vie continue. Alors que je vis, mon homme est mort. Instinctivement, je regarde Rolland. Oui, j'ai Rolland avec moi. Il me parle.

— Viens, nous avons trois heures de route à faire.

Devant nous, l'ambulance éclate de blancheur. La lumière vive des premières heures matinales rend le décor quasi irréel, telle une pellicule surexposée. Un 24 décembre idyllique, sous le soleil radieux des Antilles. Le théâtre de la vie est parfait, sauf que je n'habite plus cette vie qui s'échappe de chacune de mes cellules. Je ne fais plus partie du groupe des gens heureux. Extirpée du paradis de l'innocence, je suis tachée du sang de mon mari.

CHAPITRE 27

Tout est organisé

Hôpital de Santiago, République dominicaine,
le 24 décembre 2000, midi

Assise sur une table de métal, j'attends le médecin légiste. Tout est blanc autour de moi, un blanc froid qui tranche avec la chaleur de l'hôpital. Mes pieds bougent au rythme de la chanson *Santa Claus*, version espagnole. Ces pieds qui dansent ne sont pas les miens, ils appartiennent à une Marie Lise qui n'est plus. Seule dans cette forme de limbes, mon cœur est vidé de son sang. C'est fini, je ne crois plus au père Noël.

Rolland est parti chercher un cercueil. Les derniers mots de notre troublant échange flottent dans mon cerveau. Je ne suis qu'impuissance.

— Avertir sa famille, appeler sa famille ! Rolland, il faut les appeler !

Injonction mécanique ! Mais, quels sont les numéros de téléphone ? Aucun chiffre ne se pointe, plus de mémoire, plus de cellulaire, plus rien.

— Les frigos de la morgue ne fonctionnent pas. On n'a pas le choix, il faut l'enterrer aujourd'hui.

Durs sont les mots qui sortent de la bouche de Rolland. Résister, me battre contre l'horreur...

— Je te le répète, je veux exposer son corps et l'enterrer sur la propriété.

— Je me suis renseigné, c'est contre la loi. Tu ne peux pas le mettre sous terre chez toi. Il doit être enterré dans les heures qui suivent, dans un cimetière.

— Oui, mais... la famille ?

— Tu es sa femme, c'est toi qui décides. Ici, on fait tout le jour même. Tu n'as pas vraiment le choix.

Vidée de sens, j'ai presque oublié que je suis sa femme. Mes yeux regardent l'homme devant moi. Épuisé, Rolland n'est plus qu'un automate.

Tout va trop vite. Je me sens si petite, si froide, sans énergie. Où sont mes amis ? Personne pour venir nous aider ?

Choquée, désarmée, je laisse mon intendant prendre les commandes. Tout semble si organisé, si logique. Depuis la veille, depuis longtemps, prémonitions, échanges, le scénario se déroule devant mes yeux.

— *Si vous mouriez, où voudriez-vous être enterrés ? dit la voix de Julie.*

— *En fait, je me fous de ma dépouille : quand je serai mort, je serai mort. Vous pourrez faire ce que vous voudrez de mon corps, dit la voix de mon mari.*

Pourquoi lutter contre le cours des choses ? Cet enchaînement si horriblement cohérent me dépasse, je préfère les limbes. Mon corps étendu sur la table métallique, le corps de mon mari dans la salle du médecin légiste, nous attendons.

CHAPITRE 28

C'est avec cet homme que tu devrais être

Sosua, République dominicaine, novembre 1988, 15 h

— J'ai rêvé trois fois à vous. Chaque fois, une voix dans le rêve insistait vraiment pour que je vous rencontre. Nous sommes censés créer ensemble un centre de formation, un lieu pour agir sur la santé. Ce n'est pas très clair. Enfin, c'est pourquoi je suis ici devant vous.

Mon interlocuteur écarquille les yeux, il doit me prendre pour une folle.

— Ah bon ! Je suis flatté que votre inconscient pense à moi.

Évidemment, je le sens charmé par la femme que je suis. De mon côté, mon ego est dix pieds sous terre. Des gouttes de sueur perlent sur mon front. J'étouffe dans cette pièce où il a bien voulu me recevoir. L'odeur de l'encens est très présente. Je regarde autour de moi pour constater qu'il m'a reçue dans son lieu de méditation.

— Vous méditez ? dis-je d'une voix incertaine.

Question ridicule, c'est évident qu'il médite.

— Oui, je médite depuis des années. Je suis maître Reiki.

— Ah ! Je pensais que vous vendiez des maisons. C'est ce qu'on m'avait dit.

— Oui, je fais aussi de l'immobilier à Sosua.

J'ai croisé ce grand homme en juin à l'hôtel La Palmera Royal dont mes amis sont les propriétaires. Ils venaient à peine d'ouvrir leur lieu paradisiaque, sur la côte nord-est de la République dominicaine, et déjà j'étais leur invitée. Un jour, ils m'ont présentée très rapidement à cet homme. Depuis, il y a eu ces rêves récurrents et la voix insistante. Comme je viens chez mes amis dans les Antilles toutes les cinq semaines pour me reposer de mon travail de psy, j'ai osé les questionner sur le lieu de résidence de cet inconnu. Intrigués, ils m'ont donné ses coordonnées, non sans une certaine curiosité. « Pourquoi veux-tu rencontrer cet homme ? » Devais-je avouer que j'avais reçu cette demande en rêve ? Un peu bizarre, non ? Alors, je leur ai raconté une histoire.

Maintenant, face à lui, je me sens toute petite. Je n'ai rien à lui dire, sinon ce que je viens de lui révéler.

— Faites-vous souvent cela ? Suivre la voix de vos rêves ?

— Non ! C'est la première fois. Excusez-moi, mais cette voix insistait tellement que j'ai choisi de lui obéir, au risque de passer pour folle.

L'homme part à rire. Il a vraiment l'air de me trouver drôle.

— Et vous, recevez-vous souvent des illuminés qui rêvent de vous ?

— Non ! C'est la première fois.

C'est à mon tour de rire.

— Au fait, je m'appelle Marie Lise.

— Je m'appelle Robert, mais j'ai un nom spirituel, Nataraj. Je préfère qu'on m'appelle Nataraj.

Je suis soudain mal à l'aise. Je nous sens si opposés, vivant dans deux mondes si différents. Qu'est-ce que mon inconscient tente de m'indiquer ?

— Voilà, vous savez tout. Je ne sais pas quoi vous dire de plus. Avez-vous l'intention d'ouvrir un centre de guérison ?

— Hum ! Non, pas tout à fait. J'aimerais quitter le pays et aller vivre en Inde.

Ces paroles me percutent. Un doute énorme se soulève en moi. Mais qu'est-ce que je fais là, devant cet homme ? Je sens mon corps se recroqueviller.

— Écoutez, je ne suis pas voyante, mon inconscient s'est trompé. Je suis désolée de vous avoir dérangé.

— Ne soyez pas découragée. Vous savez, j'ai des terres ici, dans les hauteurs de Sosua, et, qui sait ? Peut-être qu'un jour vous et moi construirons un centre de guérison.

Je le regarde de mes grands yeux. Il vient de faire de l'aïkido[14] mental. C'est vraiment gentil de sa part de m'aider à m'en sortir. Il a certainement eu pitié de moi. Je me lève. Mon chemisier est collé à ma peau par la sueur. Lui ne transpire pas.

En descendant les marches qui mènent à la sortie, je vois des jouets.

— Vous avez des enfants ?

— Oui, un fils, il s'appelle Justin.

Soudainement, une tristesse m'envahit, je me sens une intruse dans son univers familial. Comme je lui tends la main pour le saluer, Robert-Nataraj me prend dans ses bras. Le contact est authentique, je ne sens pas de jeu de séduction. Surprise de son geste, me vient la pensée qu'il a de la compassion pour l'être que je suis, qui vient de briser son ego.

---

14. Art martial japonais fondé par Morihei Ueshiba.

Je me détache de son grand corps pour entendre :

— C'est avec cet homme que tu devrais être.

Ma voix intérieure vient de me parler.

Encore une fois, cette certitude profonde où il n'y a aucun doute. Décidément, rien ne va plus dans mon monde intérieur. Je quitte le lieu, en grande discussion avec la voix… Il y a erreur ! Je vis à Montréal avec un homme que j'aime, donc je sais très bien avec qui je dois être et où je dois être. Une colère monte en moi pendant que je reprends le volant de ma jeep pour retourner à Puerto Juan, à l'hôtel de mes amis. Je viens de me ridiculiser et cette voix tente encore de me dire que c'est avec cet homme que je devrais être. Non ! Ça suffit ! Consciemment, je choisis d'ignorer cette information.

CHAPITRE 29

Derrière la vitre dépolie

Hôpital de Santiago, République dominicaine,
le 24 décembre 2000, 1 h

Le visage de Rolland apparaît au-dessus de moi. Il est de
plus en plus livide.

— Ils n'ont pas de cercueil assez grand.

Découragement, impuissance ; s'il vous plaît, arrêtez le
mauvais film !

Je me redresse pour m'asseoir. Je suis vieille, si vieille. Mon
intendant poursuit à un rythme effréné, comme son souffle,
mais je n'arrive pas à décoder.

— Ton mari est trop grand pour les cercueils dominicains.
Nous sommes obligés d'en construire un sur mesure. Ce sera
plus long. Quelle couleur ?

— Quoi, quelle couleur ?

— Le cercueil !

Pendant que Rolland m'énumère les couleurs possibles,
les mots « blanc doré » m'interpellent.

— Oui, blanc doré !

Tout comme la barque solaire égyptienne qui sert au passage de la vie à l'autre vie. Ma voix se perd à nouveau dans l'univers métallique, Rolland est déjà reparti.

Les pas du médecin légiste résonnent dans le corridor. Accompagné de deux collègues, il m'offre ses condoléances. Ses yeux vont de mon visage au sang coagulé sur ma jupe.

— Nous devons retirer la balle du corps de votre mari, la remettre à la police, confirmer l'heure et la raison du décès.

Ai-je bien compris son espagnol ? Il parle si vite.

— Désirez-vous assister à l'autopsie ?

Sa voix résonne dans l'univers métallique.

Pourquoi être là ?

— Pour prier, répond ma voix intérieure.

Prier ? J'en suis bien incapable, j'ai épuisé toutes les prières depuis longtemps.

— Ils vont ouvrir le corps de ton mari, en retirer la balle, poursuit la voix. C'est un moment sacré. Sois présente.

Mes yeux regardent ceux de mon interlocuteur, j'y vois un peu de chaleur.

— Puis-je être là sans regarder ?

— Oui, nous avons un endroit pour vous.

Assise derrière une vitre dépolie, je ne vois que les pieds de mon mari qui dépassent de la table du coroner. Il a vraiment de beaux pieds !

En moi, il n'y a plus de mots pour former une prière. Le silence est total. La musique de Noël s'est tue. Je suis dans un moment d'éternité, enveloppée du mystère de la mort et de la vie.

— Il est mort et je suis vivante.

Cette phrase passe en boucle dans mon cerveau. C'est incompréhensible. Non, au contraire, c'est tout à fait logique. Je lui ai dit l'an passé que je refusais d'être entraînée dans la mort avec lui. Je ne suis pas folle, j'ai bel et bien prononcé ces mots ! Je fixe mes pieds nus, puis ceux de mon mari. C'est la dernière fois. Bientôt, son corps va disparaître, avalé par la terre. Nataraj n'aura plus de corps. Il a changé de forme. Je n'arrive pas à y croire. Comment vais-je faire pour communiquer avec lui ? Comment vais-je pouvoir vivre sans son odeur, sans le toucher et l'embrasser ?

Le bruit de la balle déposée dans un récipient métallique me ramène à la réalité. On frappe à la porte, un nouveau policier entre et repart avec un sac de plastique. Dans quel mauvais film me suis-je donc égarée ? Le médecin légiste dicte à quelqu'un tout ce que j'ai déjà entendu ce matin. L'heure du décès, la cause… Les crépitements d'une vieille machine à écrire me font penser à un épisode de *Columbo*[15].

15. L'inspecteur Columbo est le héros d'une série policière télévisée américaine.

CHAPITRE 30

Entre falaises et mer

Abreu, République dominicaine,
le 24 décembre 2000, 15 h 15

— *Julie… Il faut te réveiller.*
Toujours couchée, j'entrouvre les yeux, la lumière du jour est intense.
— *C'est difficile, mais… les funérailles auront lieu dans une demi-heure. Crois-tu pouvoir te lever ? Si tu veux, tu peux rester ici, tu n'as pas à y aller.*
— *Marie Lise ?*
— *On la retrouvera là-bas, elle est restée avec la dépouille de Nataraj.*
— *Mais il est quelle heure ? Et Philippe ?*
— *Tu es chez Rose, me dit Sue, Philippe est ici, à côté, il t'attend. Prends le temps de te réveiller. Nous sommes avec toi. Il est 3 h 15 de l'après-midi.*
— *Les funérailles, maintenant ? Je dors depuis combien de temps ?*
— *Tout s'est passé la nuit dernière. Comme c'est Noël, il est impossible d'emporter Nataraj au Québec, ni même d'attendre quelques jours. On doit l'enterrer ici.*
Il fait soleil et j'ai du mal à regarder dehors. Je détourne la tête, puis je réalise que je suis entourée de femmes. Ce sont les très chères

amies de Marie Lise; pour moi, des fées, en quelque sorte. Elles me regardent avec douceur, leurs mouvements sont silencieux et délicats. Elles m'aident à me lever doucement du lit. Je suis leur fleur brisée.

Nous nous dirigeons vers le cimetière, Philippe me tient la main en silence. La voiture s'arrête au bord de la route. Je reconnais ce lieu entre falaises et mer, gardé par la Vierge. Puis je revois toute la scène de la voiture, la voix de Nataraj résonne en moi: «Vous ferez ce que vous voudrez de mon corps, mon âme continuera à vivre.»

Entre songe et réalité, des gens viennent me saluer, d'autres m'observent de loin. Ils sont tous, comme moi, en état de choc. Nous sommes là, sous un soleil de plomb, vivant un rêve éveillé, assimilant avec peine ce qui s'est passé, portant toujours les mêmes vêtements. Quelques-uns vivent ce deuil avec peine, d'autres sont imprégnés de colère, stupéfiés. Je n'ai pas envie de me mêler à la foule venue saluer Nataraj, je veux lui dire au revoir à ma façon. Seuls peuvent m'approcher mon frère Philippe et mes bonnes fées.

C'est alors que Marie arrive avec le corps de Nataraj. Elle porte toujours ses vêtements tachés de sang. Elle n'a pas quitté un instant son mari, elle est encore avec lui. Elle n'appartient plus au monde réel. Elle s'approche de nous et nous embrasse. Nous la suivons. Je regarde le balancement des palmiers sous le vent. Je parle à Nataraj, je lui dis d'être ce courant d'air qui empreint le monde de ses grandeurs. Un papillon passe devant moi et se mêle à mes visions. Je lui dis d'être papillon, d'embrasser et de visiter ceux qu'il aime. Puis je ne vois plus rien, je suis en larmes, je ferme les yeux, je respire. J'entends les sanglots de Marie Lise, puis le bruit des fleurs tombant sur le cercueil doré de Nataraj.

CHAPITRE 31

La communauté des Blancs

Cimetière d'Abreu, République dominicaine,
le 24 décembre 2000, 16 h

Ils sont venus. Ils sont tous là. J'ai un mouvement de recul devant le nombre de personnes réunies dans ce minuscule cimetière. Rolland me propose d'aller à la maison me changer, puis de revenir. Je me fous d'être souillée du sang de mon mari, je me fous d'être une loque humaine. Je n'ai plus d'apparat, je suis la femme sauvage de mon rêve. Les cheveux hirsutes, le visage meurtri par la souffrance, les vêtements maculés. Je suis la folle de douleur. Mon cœur est fermé à tous ces êtres. Le coca-cola offert par le policier sur la route m'a redonné un peu d'énergie pour affronter la dernière étape du retour à la terre. Son corps est prêt, il doit même déjà se décomposer dans cette chaleur.

Sue, mon amie, m'accueille. Elle me tend ses lunettes de soleil que je refuse d'un geste assuré. Je n'ai rien à cacher à ces gens qui ont voté contre la présence de gardiens armés dans les endroits les plus isolés du complexe immobilier où nous vivons. Qu'ils voient ma souffrance ! Qu'ils voient les conséquences de leurs décisions. Une vie contre quelques pesos ! La folle en moi est révoltée. Je regarde les visages atterrés, seuls les regards de mon neveu et de ma nièce me ramènent à un semblant de réalité. Je prends Julie et Philippe dans mes bras.

— Concentre-toi sur la vie, insiste la voix intérieure.

Le doyen de la communauté se dirige vers moi.

— Sois forte, il faut tenir le coup.

Puis il se penche à mon oreille et dit :

— Interpol nous a interrogés. Ils enquêtent sur toi, pour savoir si tu n'aurais pas engagé quelqu'un pour tuer Nataraj. Ils se demandent si le tueur n'est pas ton amant. Ils voulaient savoir si votre mariage était harmonieux. Ne t'inquiète pas, nous les avons rassurés.

Mon corps se glace. Ils sont fous. Tous. Je cherche du regard l'endroit où ils vont l'enterrer. Le doyen m'y conduit. Je reconnais mon ami Sunny. Il m'informe qu'il va parler. On m'invite à me rapprocher du trou creusé dans la terre. C'est une comédie ! Il est mort depuis si longtemps.

— Sois présente, me dit la voix intérieure.

Toujours pieds nus, j'entends Sunny raconter comment nous étions un couple magnifique et comment Nataraj avait un cœur ouvert à tous, les Blancs, les Dominicains, les Haïtiens… Je n'entends plus le reste. Les scènes de ma prémonition me hantent. Je m'entends lui dire : « J'ai l'impression que quelque chose de grave va m'arriver. » Tout me revient puissamment dans le cimetière d'Abreu, les deux pieds plantés dans cette terre qui l'accueille.

Je regarde les falaises et la mer au loin. Cet endroit est parfait pour sa dépouille.

La gorge serrée et les larmes vacillant au bord des yeux, Sunny achève son discours. Ma voisine dominicaine porte un énorme bouquet de fleurs. Elle se penche vers moi pour me parler. Je lui prends le bouquet des mains. Je le lance sur le cercueil qui a commencé sa descente.

Dans ce moment où nous rencontrons la force de vie à l'état brut et sauvage, nous rencontrons aussi la force de la mort qui balaie tout sur son passage, sans compromis, sans conditions. Nous sommes face à cette puissance extrême dont nous nous sommes protégés toute notre vie de manière inconsciente ou consciente. Nous avions peur de vivre ou de mourir, et l'épreuve nous met en présence d'un choix : continuer de vivre face à l'inimaginable ou choisir de mourir, car c'est intolérable[16].

---

16. *Le choix de vivre* et *Le point de rupture, op. cit.*

CHAPITRE 32

Le derviche tourneur

Vieux-Montréal, le 20 décembre 2000, 17 h

J e tourne, je tourne, je tourne sur moi-même. Autour de mon axe, le mouvement est vie. Mes bras ouverts balaient l'espace. Ils montent et descendent en alternance pour maintenir mon équilibre. Ils saluent la terre, le ciel. Je ris, je pleure, je nettoie cette année 2000. Un filet de fumée émanant du bâton d'encens tenu entre mes doigts suit les mouvements circulaires de mon corps.

Les images qui se présentent à moi sont chaudes, réconfortantes. La lueur des bougies, la musique, l'encens, la vie qui circule dans mon corps. Étourdie, je me laisse tomber au sol. La pièce continue de tourner autour de moi. J'aime cette sensation.

Qu'est-ce que je nettoie ainsi ?

— Ton passé, dit la voix intérieure.

Cette réponse me laisse sceptique. Comment puis-je nettoyer mon passé en quelques tours sur moi-même ? De plus, qu'ai-je à nettoyer ?

— Tu t'apprêtes à tourner une page importante de ton histoire ! me répond avec douceur la voix en moi. Souviens-toi de l'initiation !

Il y a décidément une partie de moi qui semble en savoir plus que moi-même. Je ferme les yeux, la musique des *Voix Célestes* me berce. Les hauts plafonds de mon loft montréalais répercutent la voix de Sinéad O'Connor — *Nothing compares to you* !

Mes valises sont prêtes, demain matin aux petites heures nous partons pour Puerto Plata *via* Miami. Après tous ces voyages en Europe, enfin un temps d'amour avec Nataraj. Cela fait une éternité !

— *Nothing compares to you.*

D'une grande intensité, la voix de la chanteuse ouvre mon cœur. Les paroles me font sourire intérieurement.

— Oui ! C'est vrai, rien n'est comparable à toi.

CHAPITRE 33

Post mortem

Abreu, République dominicaine,
le 24 décembre 2000, 17 h

La Cadillac noire de Sue me ramène à la maison. Les fauteuils de cuir reçoivent mon corps épuisé. Déshydratée pour avoir tant pleuré, stupéfaite d'apprendre que personne n'a téléphoné aux proches de Nataraj, je me sens soudainement si vieille. La terre pèse sur mes épaules. Aurais-je encore la force de me baigner dans la souffrance, non seulement la mienne, mais aussi celle des autres ? À moi revient la tâche d'être la messagère de la mort.

Malgré la fatigue, une agressivité gronde dans mes entrailles. Tel un animal que l'on a retenu longtemps dans un enclos, je sens monter en moi une déferlante de vie brute.

Comment peut-on nous avoir laissés seuls pendant des heures à l'hôpital, sans nous apporter un téléphone pour prévenir la famille de Nataraj ? Comprendrais-je un jour les mystères du comportement humain ? J'en veux à cette communauté de Blancs, dont mes amis font partie. Les images de l'enterrement me reviennent : visages contrits, gestes malhabiles, regards impuissants. Ignorant tout de l'horreur que nous venions de vivre, ils se tenaient là, maladroits, me prenant dans leurs bras comme si j'étais sale. Se pouvait-il que je sente mauvais ? Le sang coagulé a-t-il une odeur ?

Je veux juste lécher mes plaies, prendre soin de ma nièce et de mon neveu traumatisés, me réapproprier mon territoire. Sortir le danger de chez moi. L'assassin est toujours dans les environs. Qui est-ce ?

— Nous devons cacher Julie pour la nuit.

La douce voix de Sue me tire de ma torpeur.

— Elle ne doit pas rester chez toi. Selon les policiers, ce serait trop dangereux.

Sue continue de parler. Marc, son compagnon, ancien garde du corps, me rassure. Ils vont prendre soin de Julie.

— Tu sais, la meilleure façon de protéger Julie, c'est de l'emmener au souper du réveillon de Noël, à l'hôtel La Palmera Royal. Tous les touristes seront là. Le tueur n'osera pas venir. Trop de monde ! Puis elle dormira à la maison avec Sue.

Je regarde Julie qui acquiesce, comme Philippe.

La Cadillac noire amortit les cahots de la route. La scène me semble irréelle, je me sens d'un coup projetée dans un nuage de douceur. Si je pouvais me reposer là, la tête sur le cuir frais des sièges, dormir, arrêter le temps.

Mon neveu et ma nièce m'entourent en me tenant les mains. Fragilisés par ce qui vient de se passer, ils ont beaucoup à dire. La voix de Philippe est grave et empreinte d'émotion. Il serre les mâchoires. Après sa nuit d'amour, il est rentré à la maison au petit matin. Il a trouvé Catherine, la femme de mon intendant, qui nettoyait le sang sur la terrasse. Il a cru qu'il s'agissait du sang de sa sœur. Il se sent coupable de ne pas avoir été là pour nous protéger.

— Philippe, si tu avais été avec Julie, tu serais peut-être mort maintenant.

Mes équations banales sont-elles vraiment rassurantes ? La vérité est que nous ignorons ce qui se serait passé si... Il n'y a pas de si. Nous étions trois face à la mort et elle n'en a choisi qu'un.

Mon cerveau me ramène abruptement à la réalité. Il me faudra faire face au choc des autres : la famille de Nataraj, son fils Justin. Informer ma grande sœur Christine, dont la fille a failli se faire tuer. Le mauvais film n'a pas pris fin au cimetière, il se poursuit.

Nous décidons que Philippe appellera Christine.

— Je ne veux pas parler à maman. J'en suis incapable.

Julie se remet à trembler. Je la rassure, je lui rappelle qu'elle n'est obligée à rien. Philippe s'occupera de tout.

En moi, une louve hurle à la mort. Opprimée, j'étouffe. Arracher mes vêtements, me laver de son sang, de notre sueur, de la peur, de l'innommable. Le soleil darde ses derniers rayons orangés. Je tente d'y puiser la force de continuer de vivre.

Nous devons choisir de vivre, nous devons préserver la vie.

La Cadillac nous dépose devant la maison, exactement là où nous étions quelques heures auparavant. Oui, je suis dans un mauvais rêve. Les pieds nus, j'avance sur le chemin derrière la maison. Je me revois sortir en courant dans la nuit, entretenant l'illusion que Nataraj était toujours vivant. Il est désormais mort et enterré.

Mon cœur se serre alors que je m'approche de la scène du crime. Sa famille est toujours dans l'ignorance. Je les imagine préparant le souper du réveillon. Son fils dévalant les pentes de ski à Vancouver, joyeux, dans la candeur de ses 17 ans. Ici, c'est la mort ; là-bas, la vie dorée. Ils ne savent pas que leur vie est sur le point de se briser. Je suis la messagère de la mort.

Mes amis sont derrière moi, ils attendent que j'entre. Tout est là, la beauté du paysage, la mer au loin, les nuages reflétant les dernières lueurs de la journée.

Mes yeux se posent à l'endroit exact où Nataraj s'est effondré. La police a déjà enlevé les scellés. Plus aucune trace de sang. Sur le plafond de la terrasse, je distingue le trou de la seconde balle. Mon cerveau tente de tout analyser.

Sue est derrière moi, je sens sa douce présence.

— Nous avons eu la permission de changer les meubles de ta chambre.

La chambre est belle, le lit est placé différemment. Il y a des bougies, des fleurs, j'entre dans un autre lieu. Et pourtant, malgré un semblant de douceur, la pièce vibre de violence. Il y a de la poudre blanche sur le meuble-lavabo de la salle de bains. Les experts sont venus relever des empreintes.

— Ils n'ont pas compris qu'il n'y a pas d'empreintes dans la chambre ni dans la salle de bains. Il n'est pas venu jusqu'ici.

Je me parle à voix haute. Je ne finis pas ma phrase. J'ai envie de mourir, d'aller rejoindre Nataraj ! Vais-je réussir à surmonter cette épreuve ?

CHAPITRE 34

As-tu vu qui est là ?

Hôtel La Palmera Royal, République dominicaine,
le 11 novembre 1989, 19 h

— As-tu vu qui est là ?

Les yeux de mon amie hôtelière, Françoise, scintillent d'excitation. Je vois un enfant aux cheveux couleur blé assis au bar. Il s'ennuie terriblement.

— Un enfant qui s'ennuie.

— Non, sur la terrasse. Qui parle avec Jean ?

Je me penche pour apercevoir l'homme de Sosua devant qui je me suis ridiculisée l'an dernier. Me cacher ! Mon corps pivote vers le bar. Mon amie n'a rien perdu de mon esquive.

— Va le saluer.

Son frêle corps me pousse délicatement vers la terrasse.

— Non, Françoise. Je me suis ridiculisée une fois, c'est bon.

— Allez, cela fait un an !

Nos mouvements attirent l'attention des deux hommes. Mon ami Jean me regarde en souriant. L'autre se retourne et me voit, je ne peux plus me sauver.

— Je ne sais pas si vous vous souvenez de moi.

Ma voix est incertaine.

— Oui ! Vous êtes la femme aux rêves.

Mon ami Jean, qui ignore toute l'histoire, me regarde curieusement.

— Viens t'asseoir, Marie Lise. J'allais justement partir, nous avons terminé notre conversation.

Assise à nouveau face à mon interlocuteur, je l'écoute me raconter que, il y a un an, il m'avait dit qu'il aimerait partir en Inde, et voilà qu'il est à la veille de son départ. En un an, il a vendu ses actions de la société immobilière et il est libre d'aller enseigner le Reiki où l'on voudra de lui.

Poussée par ma voix intérieure, je m'entends dire :

— À Montréal, je possède un centre où l'on se consacre à l'écoute psychocorporelle et à la psychosomatique. Seriez-vous intéressé à venir y enseigner le Reiki ?

Je marque une pause.

— Si toutefois vous revenez d'Inde un jour.

Il fallait que j'ajoute cette phrase pour ne pas perdre la face, car une partie de moi ne comprend pas ce que je suis en train de faire. Une sensation de perte de contrôle circule dans mes veines. Je n'agis pas selon les codes que je connais habituellement. Décidément, cet homme provoque en moi des réactions inconnues.

Mal à l'aise, mon ego se tortille sur ma chaise pendant que mon être est d'un calme absolu. Je sens toute une énergie de reconnaissance circuler entre nous. Je connais cet homme bien au-delà de son enveloppe physique. Impressionnée par la force qui émane de nous, je ne suis plus dans le moment présent.

— J'accepte votre invitation. Prenons nos agendas !

Si vite !

CHAPITRE 35

La messagère de la mort

La *cassita*, République dominicaine,
le 24 décembre 2000, 17 h 30

Combien de fois ai-je été la messagère de la mort ? Je me revois, jeune fille, annonçant à mon frère la mort de son meilleur ami. Ou, à titre de psychothérapeute, apprenant à des parents la mort de leur enfant. Les yeux rivés sur le jardin, je passe en revue ces instants où la destinée de l'autre bascule par les mots, les paroles annonciatrices de la fin d'une vie. Quelle responsabilité !

Assise à côté du téléphone, j'ai posé la tête sur mon bureau. Sur ma joue, la fraîcheur de l'acajou soulage mon feu intérieur. De nouveau, je suis la messagère. Du regard, je fais le tour de ma *cassita*. L'assassin a volé du parfum, mon collier de perles, une robe de soirée. Il a habillé sa femme pour Noël. Là aussi, la poudre des enquêteurs est partout sur les étagères de mon placard. En revanche, il n'a pas touché à mon ordinateur. Le livre que je corrige est toujours sur le disque dur, puis il y a le téléphone qui m'attend.

Mes yeux se posent sur le lit où hier mon mari et moi faisions l'amour. Son odeur doit y être encore. Personne n'a changé les draps.

— J'ai trouvé la clé, m'a-t-il dit.

Oui, il a trouvé sa clé : le centre d'énergie de la couronne, la voie de la sortie royale pour l'âme. C'est si clair, maintenant.

— Tout se tient, me dit doucement la voix intérieure.

Qu'est-ce qui se tient, alors que je dois passer ce coup de fil fatidique ? Qu'est-ce qui se tient, alors qu'il me faut annoncer la mort d'un fils, d'un frère, d'un père ?

Je commence par Manon, une amie commune à Nataraj et à sa famille. J'ai l'impression que mon sang se retire de mon corps. Je vais perdre conscience, chute de glucose, chute de tension, stress posttraumatique, mon corps s'emballe.

Mes doigts tremblent en composant le numéro. La voix de Manon me parvient de son univers montréalais. Cela me fait beaucoup de bien, je parle à quelqu'un qui n'est pas encore traumatisé par la nouvelle. Manon m'aide, ses mots sont justes, son ton est posé. Elle me signale qu'elle a eu dans un rêve la prémonition de la mort de mon mari. Je lui demande d'accompagner la sœur de Nataraj, que je vais appeler dans quelques minutes. J'ai confiance en Manon, je sais que je peux compter sur elle. Mon énergie revient doucement, suffisamment pour appeler Linda, la sœur de Nataraj. Mais, pendant que mes doigts composent le numéro, mon cœur se met à battre à une vitesse folle.

— Linda, c'est Marie Lise.

— Joyeux Noël, Marie Lise, dit-elle d'une voix gaie. L'an passé, j'étais avec vous !

— Linda, écoute-moi, ton frère est mort.

— Quoi ?

Je voudrais vomir la noirceur qui est en moi.

Mes mots sont rapides, je ne lui laisse pas le temps de prononcer une phrase. Pendant que je lui parle, je sais que le pire n'est pas encore dit.

— Linda, il a été enterré tout à l'heure.

Je tente de lui expliquer comment se passent les choses ici avec la chaleur, Noël, le meurtre, la police. Linda n'accepte pas mes arguments. Je m'en doutais. Elle ne peut concevoir de ne plus revoir le corps de son frère. Combien de patients ai-je reçu dans mon bureau, qui ne pouvaient compléter leur deuil parce qu'ils n'avaient pas vu la dépouille de l'être aimé?

En terminant la conversation, elle me dit qu'elle va appeler Justin, le fils de Nataraj. J'insiste pour qu'elle lui demande de m'appeler. Puis je raccroche.

Pliée en deux, je n'ai plus de voix. C'est insoutenable. Des râles sortent de ma bouche. Dans cette position, je n'ai pas remarqué la présence de Danuta, une amie guérisseuse qui attend dans le jardin. Me voyant libre, elle s'approche de moi et me prend dans ses bras, doucement elle me dirige vers le lit pour m'y étendre.

Je ferme les yeux et m'abandonne aux soins.

CHAPITRE 36

La chambre du prince

Manoir Hovey, North Hatley, Québec,
le 23 novembre 2000, 20 h

Je célèbre les 50 ans de Nataraj. La journée n'a pas été facile. Ce midi, en déjeunant dans un petit café de North Hatley, j'ai appris que mon mari désirait poursuivre l'initiation entreprise en mars. Il m'a demandé de reporter la date butoir au 14 février 2001. Presque un an, jour pour jour, après ma proposition initiale.

Surprise, j'accepte de poursuivre le processus. De mon côté, ma position est claire, même si j'ai un autre homme dans ma vie, et je choisis de poursuivre ma relation avec Nataraj. Mon cœur a une terre et cette terre est mon mari.

La chambre numéro 4 du Manoir Hovey est réputée pour sa magnificence. Autrefois la chambre d'un prince qui venait tous les automnes chasser au Québec, elle a été décorée pour satisfaire ses besoins majestueux. Ce lieu est à l'image du prince de ma vie. Rien de mieux pour célébrer son demi-siècle.

L'odeur de l'amour est encore sur mon corps. J'étends la main pour toucher la peau de l'autre, à la recherche de cette douceur charnelle, de cette élasticité tendre qui me ferait reconnaître les yeux fermés, entre mille hommes, la peau de mon mari. En regardant mes doigts courir sur le dos infini de ce grand homme, les flammes de la cheminée me ramènent doucement en cette fin d'automne. Je souris en pensant que, encore une fois, je suis toute enveloppée et qu'il est nu comme un ver. Sa peau chaude et sensuelle n'a pas besoin de couverture.

Je caresse des ongles les fesses animales de mon homme. Je constate que, malgré ses 50 années de vie que nous venons de célébrer, Nataraj a toujours cette qualité de peau qui respire la vie.

— Sagittaire, tu es le feu.

Comme un félin, il s'approche de mes lèvres pour me donner un long baiser qui veut prolonger l'amour, mais je ne réussis pas à me laisser aller. Je suis prise d'un soudain vertige et d'un haut-le-cœur. Serait-ce le champagne rosé? Ou les suites de cette promenade au grand froid pendant laquelle j'ai eu si étrangement mal à la tête? Je l'ignore. Je tente d'écouter mon corps. Je ne reconnais pas ce malaise, ni son langage. Je me dégage du long baiser. Nataraj se lève, je regarde son long corps de prince-tigre passer devant la cheminée. Tel un félin, il évolue dans la chambre.

— Merci d'avoir réservé cette chambre pour mes 50 ans. C'est ma préférée.

Je soupire.

M'abandonnant à cette sensation d'étourdissement, je ferme les paupières. Ma respiration se détend, mon diaphragme se relâche. Devant moi, sur mon écran intérieur, je vois quelque chose qui s'ouvre et qui semble m'interpeller, tel un voile qui se déchire. Je suis envahie d'une étrange sensation, comme si tout ce qui est là, la chambre du prince, le crépitement des flammes, la chaleur qui en émane, les draps, l'odeur de l'amour et même Nataraj, s'échappait par cet espace qui s'ouvre. Je me redresse pour ne pas m'y perdre. Non, ce n'est pas le champagne ! C'est le vide.

CHAPITRE 37

Cachée

Los Peñascos, République dominicaine,
le 24 décembre 2000, 19 h

A ssise sur une chaise de bois, je serre fermement une serviette de table de la main droite. Devant moi, Sue m'observe, me guette. Sa main se pose sur la mienne, je lâche la serviette pour agripper sa main. Son geste me ramène à la réalité. Doucement, entre deux bouffées de cigarette, elle me demande :

— Ça va, mon p'tit cœur ?

Pour toute réponse, j'esquisse un sourire. Philippe et Marc sont avec nous à table. Nous formons un quatuor silencieux. Autour de nous, d'autres tables, d'autres familles, des éclats de rire, le tintement des couverts sur la porcelaine. Le bourdonnement de ces bruits m'amortit.

Sur la terrasse de l'hôtel La Palmera Royal, fondue dans la masse d'étrangers célébrant Noël, je suis une jeune femme parmi d'autres. Mais l'actrice en moi a du mal à jouer sa scène, à vivre dans la même dimension que les autres, à sentir son propre pouls.

Effacés par le deuil, cachés dans la foule, nous ne sommes pas ici par choix. Depuis la nuit dernière, je ne suis plus la même. J'ai tellement fait la morte que je n'ai pas encore totalement réintégré *mon corps. L'envie de repartir dans la noirceur, de tout refermer m'habite encore. Y retourner afin de me retrouver.*

— Feliz Navidad! me lance le père Noël de l'hôtel en me regardant droit dans les yeux.

Je n'ai aucune envie de le serrer dans mes bras. Philippe sait que, depuis toute petite, j'ai peur des pères Noël. Il me prend par la main; trop tard, me voilà dans ses bras. Muette, je ferme les yeux. En moi, cohabitent l'envie de partir et celle de n'aller nulle part. Je me laisserais emmener n'importe où.

La Cadillac noire de Sue nous attend. Je m'enfonce dans la banquette arrière en cuir camel, la main dans celle de Philippe que nous déposerons à la maison. Ce soir, je ne dormirai pas là; c'est chez Sue et Marc que je serai protégée. Je suis la seule à pouvoir identifier le meurtrier.

J'embrasse mon frère, puis il traverse le jardin. La tête basse, il gravit les escaliers de la maison. Je remercie la vie de l'avoir épargné, heureuse qu'il n'ait pas vu ce que j'ai vu, vécu ce que j'ai vécu. Il n'a pas eu à me protéger. Si la balle lui avait été destinée... Là-haut, on l'attend. Marie Lise et lui seront protégés par des gardiens.

Marc redémarre la voiture qui s'enfonce dans la jungle. La Cadillac noire me donne l'impression de ramper dans la nuit. Ses phares éclairent une végétation dense, sauvage et vivante. J'y serai cachée, camouflée.

Je me sens en sécurité avec ce couple qui me transporte dans le fantastique. Sue est forte. Cette belle femme rebelle, venue des îles françaises, représente pour moi l'alter ego féminin d'Indiana Jones. Sue, l'aventurière aux taches de rousseur craquantes, fume une cigarette en regardant stoïquement la route. Elle est à la fois brave, féminine et maternelle. Elle se retourne vers moi comme pour s'assurer que je suis toujours là. Son regard est perçant et doux à la fois. Cette femme n'a peur de rien, son authenticité me ramène à ce qu'il y a de vrai. Je suis là, avec eux, vivante. Ils forment un couple sorti tout droit d'un film hollywoodien. Marc, le Marlboro Man, *est calme, désinvolte, grand et fort. Son regard bleu semble percer des mystères et nourrir les mythes. Je suis en confiance, je ne tremble plus. Je dormirai avec Sue. Marc, dans le salon.*

Couchée face à Sue, sa présence m'apaise. J'ai l'étrange sensation que nos cœurs sont jumeaux, que leurs rythmes s'accordent. J'accepte naturellement qu'elle me prenne dans ses bras. Depuis la nuit dernière, c'est le premier contact physique qui me semble harmonieux. L'animal blessé accueille l'autre et l'autorise à prendre soin de lui. Mes yeux se ferment et s'ouvrent doucement. Le regard de Sue aux reflets de jade ne me quitte pas. Ses taches de rousseur sont comme des étoiles, formant de nouvelles constellations. Sa douceur m'enveloppe. Recroquevillée, je glisse dans le sommeil sans m'en apercevoir.

CHAPITRE 38

Le territoire de la louve

Villa L'Hacienda, République dominicaine,
le 24 décembre 2000, 19 h

J'ai repris petit à petit possession de mon territoire. J'habite de nouveau la chambre, la maison, le terrain, malgré ce qu'en pensent les autres. Que de phrases, de mots distillés pour me dire ce qu'il faut faire et ne pas faire ! Les amis qui tentent de m'aider ne font que m'enfoncer. Je ressens leur peur. Mais de quoi ? J'ai rencontré la mort et j'en suis sortie vivante. Selon la loi des probabilités, je ne risque pas de la revoir de sitôt. C'est mathématique. Comment leur expliquer cela ?

Les appels téléphoniques se succèdent sans interruption. Je ne décroche pas. Je refuse de recevoir les projections de frayeur, de souffrance, et le refus de voir que tout est possible, même la mort d'un être que l'on croyait invincible.

Mon amie Rose prend les appels, je l'entends dire à voix basse : « Oui, il est mort, c'est vrai. » Je n'ai parlé à personne, sauf à Justin, le fils de Nataraj, et à Paul. Sa voix vibrait de compassion. Celle de Justin était teintée du reproche de ne pas avoir pu sauver son père. Je comprends.

— Si j'avais été là, je l'aurais tué. Je me serais battu. J'aurais défendu mon père.

— Justin, tu n'étais pas là. Tout s'est fait si vite.

— Je vais prendre l'avion, le chercher dans tout le pays s'il le faut. Il ne doit pas être loin. Je vais le tuer, je vais le faire souffrir.

J'accueille sa colère qui le protège de sa souffrance. Cette énergie instinctive est saine, elle l'aide à faire face à l'insoutenable.

— Je suis désolée, Justin. Je n'ai pas pu sauver ton père.

Aurais-je pu le sauver ? Cette question est un piège. Y répondre maintenant pourrait me détruire.

Assise devant un verre de rosé, je tente de manger le repas que l'on m'a préparé. Il ne faut pas permettre à l'énergie du drame de rester en ces murs et de s'y s'installer. L'âme de la maison pleure.

Dehors, le vent se lève, les bougies que j'ai déposées à l'endroit où Nataraj est mort s'éteignent peu à peu. J'ai l'impression d'assister, impuissante, à la bataille de la noirceur contre la lumière. La lune se lève sous la forme d'un disque orange. Des policiers entourent la propriété. Un gardien de nuit se présente à moi avec sa carabine.

— *Doña, usted no debe dormir aquí !*

Dans un espagnol du campo[17], il m'explique que je ne devrais pas dormir ici.

— *Señor ? Usted tiene miedo de morir.*

Ma question le surprend. Cet homme a-t-il peur de la mort ?

— *No tengo miedo de morir.* (Je n'ai pas peur de mourir.)

Ses yeux sont d'un bleu aussi intense que sa réponse.

---

17. Dialecte de la langue espagnole pratiqué dans les campagnes dominicaines.

CHAPITRE 39

Un Noël dominicain

San Francisco de Macorís, République dominicaine,
le 24 décembre 2000, 21 h

S on épouse touche avec émerveillement le collier de perles
et la bouteille de parfum Dior. Les cadeaux de Noël de
son mari suscitent la convoitise dans la famille. Seuls des
regards furtifs jetés à son entourage expriment le malaise de
Maria. Le Balsero la connaît bien, il sait qu'elle sait que ce
cadeau a été volé chez de riches Américains. Toute sa famille
s'exclame devant la robe de soie qu'elle déploie. Sa belle-sœur
fait une remarque sur les kilos que Maria devra perdre si elle
veut porter cette robe. On se moque du Balsero. Il n'a pas l'œil
pour acheter des vêtements à sa femme. Maria rougit et
répond qu'elle va la donner à une nièce. La famille applaudit.

Le Balsero boit. Le rhum réchauffe sa gorge oppressée par sa
nuit blanche. L'homme qu'il a tué a été enterré, son informateur
vient de lui téléphoner la nouvelle. Le Balsero ne réussit pas à
s'abandonner à la joie des festivités. Il est contrarié, il ne voulait
pas tuer. Ce *coño* de Canadien était chez lui. Ils se sont reconnus ;
c'était lui, le directeur du complexe touristique, quand le Balsero
a été démis de ses fonctions de gardien. Cela fait deux ans déjà,

mais il n'en a jamais voulu au Canadien, au contraire, il trouvait que c'était une bonne personne. Et voilà qu'il a tiré sur lui.

La musique forte du merengue engourdit ses sens. S'il pouvait juste dormir, dormir et tout oublier. Ses paupières lourdes se ferment, puis le rire éclatant de Maria le fait sursauter. Des images repassent sans cesse dans son cerveau. Il voit les yeux de sa victime, sa stupéfaction. Il ressent encore son réflexe de tirer à bout portant. Surtout, ne pas être reconnu ! Il ne sait même pas où il a visé exactement. L'homme est tombé. Tirer un autre coup dans les airs — code de pouvoir.

Ensuite, tout est allé vite. Le Canadien se lamentait. Lui cherchait la fille. C'est confus, il était comme fou, paniqué. Puis l'autre s'est tu. Trois coups de feu dans la nuit, il a compris le message. Les gardiens arrivaient. Il s'est enfui.

Le Balsero se lève pour se resservir du rhum. Ses cousins le regardent, mais il agit tout naturellement, comme si de rien n'était. N'empêche qu'ils ont été surpris de le voir débarquer chez eux avec du sang sur ses vêtements. Il leur a dit qu'il avait écrasé un pauvre chien sur la route.

En fait, il s'est invité chez ses cousins pour s'éloigner de la ville de Puerto Juan. Ils lui ont prêté des vêtements propres. Sa femme, un peu surprise, est venue le rejoindre, ne comprenant pas le changement de programme. Éviter les soupçons ! Le Balsero se rassoit, lourd de fatigue, épuisé par la vie. Il aurait envie de chialer comme un enfant, mais il ne peut pas, surtout pas.

Le collier de perles se balance sur la poitrine abondante de sa femme qui danse un *typico*[18]. Ses hanches ondulent au rythme effréné de cette musique primitive. Elle lui fait signe de venir danser. Impossible, il n'a plus de jambes. Le Balsero est lourd, appesanti par la mort.

---

18. Merengue folklorique avec accordéon.

CHAPITRE 40

La veillée

Villa L'Hacienda, République dominicaine,
le 24 décembre 2000, 22 h

« *Au fait, la mort a toujours été l'un des problèmes, et probable-ment le plus grand problème de la vie humaine. Ce n'est pas l'amour, ni la peur, ni la relation, mais bien cette question, ce mys-tère, ce sentiment de finitude qui nous préoccupe depuis la nuit des temps*[19]. »

La flamme des bougies éclaire la chambre de mille feux. Couchée dans mon lit, je contemple le plafond. Un livre de Krishnamurti, *De la vie et de la mort*, repose entre mes mains. Je me laisse bercer par les phrases que je viens de lire. Dehors, il vente de plus en plus fort. L'homme qui assure ma sécurité semble avoir froid. De temps en temps, il éternue. Assis en plein vent, droit sur sa chaise avec sa carabine, il me protège du retour éventuel du tueur.

« *La mort, nous l'avons mise à l'écart comme un élément isolé, à la fin de notre vie, c'est une chose que nous avons différée, écartée :*

---

19. Jiddu Krishnamurti, *De la vie et de la mort*, Éditions du Rocher, 1994. (Toutes les citations de ce chapitre sont tirées de ce livre.)

un long intervalle entre l'action de vivre et l'action de mourir. La mort est tout là-bas dans le futur, c'est une chose qui fait peur, que l'on refuse, que l'on veut éviter à tout prix. Mais elle est toujours là. Qu'elle survienne par accident, maladie ou vieillesse, elle est toujours là. Que nous soyons jeunes ou vieux, infirmes ou débordants de joie, elle est toujours là. »

Calée sur mes oreillers, je me sens enveloppée du mystère de la vie et de la mort. Je remercie la douceur de ce moment qui contraste avec la dureté des 24 dernières heures. Enfin, je suis seule face à l'insoutenable. Les paroles du maître sont un baume sur mon cœur éclaté.

« La lutte, le combat, l'ambition, la corruption… les joies et plaisirs éphémères : c'est ce que nous appelons vivre. Et nous disons que la mort ne doit pas faire intrusion dans ce périmètre parce que c'est tout ce que nous connaissons, alors que la mort, elle, nous est inconnue ; c'est pourquoi nous la tenons à l'écart. »

Je savais que la mort venait, je me suis débattue depuis un mois contre elle. Tous ces symptômes, toutes ces visions, toute cette angoisse. Aurais-je pu empêcher que la mort s'infiltre ?

« Et donc, nous nous cramponnons au connu – je vous en prie, constatez-le en vous-même – au connu, aux évocations du passé, aux peines, aux angoisses, aux souvenirs, aux expériences, tout cela étant le connu, et donc le passé. Et la mort qui vous fait peur, c'est l'inconnu. Il y a donc un abîme entre le connu et l'inconnu. »

Oui ! Je croyais avoir apprivoisé l'inconnu dans ma vie, avec mes différentes expériences mystiques. Je croyais que je vivais ma vie sur le fil du funambule. Il y a certainement encore en moi un abîme, non seulement entre le connu et l'inconnu, mais aussi, et surtout, entre vivre et mourir.

« Nous disons que la mort est quelque chose d'inconnu. Attachés comme nous le sommes à toutes les choses que nous connaissons, ce qui nous fait peur, c'est que prennent totalement fin tous ces atta-

chements : l'attachement à notre nom, à notre famille, à notre tra-
vail, bref l'attachement sous ses diverses formes. La mort est la fin
de cet attachement. »

Mes yeux s'agrandissent, les paroles de Krishnamurti semblent avoir été écrites pour moi. N'en étions-nous pas venus à
nous détacher de toute forme, pour nous retrouver ? Depuis des
mois et des mois, mon mari et moi tentions de nous affranchir
l'un de l'autre. Hélas ! la vie et la mort me demandent de laisser
aller celui avec qui je peux enfin vivre un amour libre des conditionnements. L'initiation n'est pas terminée. Nataraj n'est plus de
ce monde. Suis-je capable d'accepter cette réalité ?

Je glisse le livre sur mon cœur, les larmes coulent comme un
fleuve de vie, mon thorax se libère de l'angoisse. Mon cerveau,
mon cœur, mon âme nouent des liens, tels des fils conducteurs
d'énergie qui se reconnectent tout doucement face à la violence
de l'agression. Une vibration de douceur trace son chemin dans
mes muscles tendus, dans mes cellules choquées.

— Nataraj, où es-tu ?

Je parle à mon mari à voix haute. Je lui envoie de la
lumière, là où il se trouve.

Je combats le sommeil. Je ne veux pas dormir. J'ai besoin
d'écouter la nuit. Son silence, sa profondeur, sa beauté font
vibrer mon âme. Sa noirceur m'enveloppe. Elle est une matrice
qui recueille les morceaux éparpillés de mon âme. Je respire.
Mon souffle me met en présence d'une douleur intolérable.
J'ai déjà eu une maladie incurable et je m'en suis sortie. Mais,
faire face ainsi à la mort ? Comment puis-je confronter une
telle souffrance ?

— En mourant, me répond la voix intérieure.

Oui, c'est cela ! Ce n'est qu'en explorant la mort que je
pourrai la rencontrer. La mort, la perte. Ce n'est pas en tentant de fuir.

Ces réflexions m'apaisent. Je viens de m'affranchir de l'obligation de vivre à tout prix. Mon mari est mort cette nuit, je peux aussi mourir. J'en ai le droit.

— Ton corps a besoin de repos, me rappelle avec douceur la voix intérieure.

À travers les persiennes, mon esprit voyage. J'enveloppe le lieu où il est mort. Entourée de la nuit, je me laisse aller à dormir et à mourir à cette journée où ma vie a basculé à jamais. Le gardien veille sur moi et moi je veille mon mari.

CHAPITRE 41

Gramercy Park

Gramercy Park, New York, le 1er septembre 1991, 17 h

De sa clé, Joany ouvre la porte de Gramercy Park. Les habitants du quartier ont accès à ce lieu privilégié grâce à un passe-partout, ce qui limite ainsi les entrées. C'est un petit parc privé en plein cœur de Manhattan, où les fleurs, les arbres, les écureuils peuvent vivre au rythme des rires des enfants ou de la musique étouffée provenant des écouteurs des joggeurs assidus.

L'heure est solennelle, je me marie civilement. La ministre qui bénira cette union est, tout comme Nataraj, Maître Reiki. Je l'ai connue lorsque je vivais à New York pour y parfaire mes études de psychothérapeute.

Le bruit de l'immense ville me parvient au loin, je ferme les yeux pour ressentir la présence de mon choix. Je vais bientôt dire oui officiellement à cet homme qui est devant moi. Je souris à l'idée que mon inconscient m'a vraiment dirigée vers lui. La voix insistante des rêves récurrents, reçus il y a trois ans, avait raison. « C'est avec cet homme que tu devrais être. » M'y voici !

— Tu es prête malgré tes résistances ?

Nataraj sait très bien que j'aurais pu me satisfaire du mariage spirituel vécu l'avant-veille à la Playa Grande. Le mariage officiel ne m'a jamais vraiment intéressée. Mais cette voix en moi a drôlement insisté pour m'y pousser.

— Je suis contente d'enraciner notre union selon les lois terrestres.

Je prends mon mari dans mes bras et pose la tête sur son épaule. C'est toute une histoire que je vis avec cet homme.

Joany s'éloigne pour répondre à un appel sur son portable. Je vois son visage changer de couleur. Cet appel semble la décontenancer.

— Joany, y a-t-il quelque chose de grave ?

— Il nous manque les témoins. Mes amis ont eu un léger accident de voiture, ils ne peuvent pas venir.

— C'est simple, nous ne pouvons pas nous marier.

Cette phrase m'est venue spontanément.

— Non, non, non, pas si vite, Marie Lise, j'ai une solution.

La voix de mon amie semble fort excitée soudainement. Elle dirige son regard sur des joggeurs qui font le tour du parc.

— Nous allons prendre deux de ces hommes magnifiques qui courent. Deux qui ont leurs papiers sur eux.

Surprise par l'ingéniosité de Joany, je pars à rire. Sitôt dit, sitôt fait : elle interpelle tous les coureurs et nous en trouvons deux qui ont leurs papiers d'identité. Ensuite, elle remplit avec ces nouveaux témoins les documents officiels de la ville de New York. Puis Nataraj sort les anneaux qu'il remet à la maîtresse de cérémonie.

En présence des écureuils, des oiseaux et de l'énergie du *Big Apple*, je dis :

— *Yes*, oui !

Oui à cet homme, pour la vie.

CHAPITRE 42

Les stigmates

Villa L'Hacienda, République dominicaine,
le 25 décembre 2000, 11 h

— Marie, regarde… C'est étrange.

D'une voix gênée et inquiète, Julie me montre son corps. Absorbée dans mes pensées, je jette un coup d'œil rapide. Stupéfaite, je l'observe avec attention.

— Tu m'as bien dit que le voleur ne t'a pas brutalisée ?

— Il ne m'a pas touchée, ni les jambes ni les hanches… Je ne comprends pas. On reconnaît vraiment la forme d'une main, comme imprimée sur ma peau. On voit même des empreintes digitales.

Je me penche vers ses cuisses et son ventre. Il y a à plusieurs endroits de longues marques bleutées, comme si les filaments d'une méduse avaient laissé des traces de brûlures. Puis, isolées les unes des autres, des marques de mains sont apparues sur son ventre, ses hanches et ses cuisses. Comme si quelqu'un s'était agrippé à elle très fort. Ce sont les stigmates du choc posttraumatique.

— On dirait que j'ai été touchée par des extraterrestres.

— Ton corps s'exprime. Il tente de se libérer de la charge de stress que tu as subie. D'ici 24 à 48 heures, les marques devraient disparaître.

Julie, qui a revêtu son maillot de bain, continue de s'examiner. Comment la rassurer ? Elle m'appelle d'un ton grave et posé.

— Marie. Ces empreintes…

Elle passe les mains sur son corps.

— Ces marques de mains, on dirait que ce sont les miennes…

— Sous le bureau, tu as peut-être pressé fortement sur ton corps sans t'en rendre compte.

— Non ! Sous le bureau, j'étais recroquevillée.

Je n'insiste pas. À 21 ans, elle est aux prises avec un choc puissant doublé de la culpabilité d'être en vie. Une vague de découragement me submerge. En tant que psychothérapeute, j'ai la connaissance livresque de ce qui se trame. Mais, depuis hier, cette connaissance ne me sert plus à grand-chose : je suis dans le vécu.

— Allons à la plage, Marie. Je veux être proche de la mer.

Mon neveu Philippe regarde le corps de sa sœur avec inquiétude.

— Julie, si les marques ne s'estompent pas d'ici à demain, nous irons à la clinique.

Je connais déjà sa réponse.

— Non, surtout pas la clinique ! Ce n'est pas nécessaire, je n'ai mal nulle part.

Mal nulle part ? Comment peut-elle dire une chose pareille ? Je détache mon regard de sa peau marquée. Nous sommes tellement choquées que nous n'habitons plus nos corps. Je regarde Philippe qui hausse les épaules en signe d'impuissance.

Mon neveu nous assure qu'il tient le coup. Il est le lien avec la famille. Il est l'oublié du traumatisme. Spontanément, je le prends dans mes bras. Nous avons décidé d'un commun accord de ne pas révéler les détails de l'agression à la famille. Julie tient à protéger sa mère Christine. J'agis de la même façon avec ma propre mère. J'ai peur qu'à son âge, elle ne puisse absorber l'onde de choc.

Nous négocions avec les policiers pour aller à la plage avec des amis, mais ils ne veulent pas que nous sortions du périmètre de sécurité. Je prends quand même la décision d'y aller et j'en assume l'entière responsabilité. C'est une question de survie. Ici, enfermés en ce jour de Noël, avec les appels téléphoniques qui fusent, nous risquons de devenir fous.

CHAPITRE 43

La maison des anges

Los Peñascos, République dominicaine,
mars 1993, 15 h

— Je ne suis pas intéressé à acheter cette villa, même si tu as
rêvé que nous le faisions! De toute façon, elle n'est pas à vendre.

La voix de Nataraj est ferme. C'est un non catégorique.

— Détrompe-toi, elle n'était pas à vendre il y a deux mois,
mais elle l'est maintenant. Incroyable, non?

— Tu en es certaine?

Il me regarde avec scepticisme. Je le connais, il dit non
d'emblée à tout ce que je lui propose. Puis il revient sur sa
position. C'est sa façon de me tenir tête.

— Va te promener par là. Tu verras la pancarte Se vende. De
plus, nous avons rendez-vous à 16 h pour la visiter…

Devant tant de volonté, la perplexité s'affiche sur le visage
de mon mari.

— Connaissant la propriétaire, je suis surpris qu'elle vende
sa maison de style hacienda. Elle l'adore.

Je suis moi-même étonnée. Je croyais qu'elle n'était pas à
vendre. Mais mon rêve était si net que je me suis renseignée,
et j'ai dû me rendre à l'évidence.

— Allons la visiter. Je suis curieux. Je n'y suis jamais entré. Mais, pour l'acheter, j'exige un signe.

Ah non! Nataraj et ses signes! Ça m'énerve au plus haut point.

— Quel signe?

— J'aimerais un signe des anges.

— Tu veux dire que tu t'attends à une apparition lors de la visite? Tu te moques de moi!

Maintenant que Nataraj a quitté sa position défensive, il s'amuse à me provoquer.

— Non, pas une apparition, ma chérie, juste un signe des anges.

Je préfère lâcher prise, sinon je vais perdre patience. Qu'il rie de moi et de mon rêve! Quelques minutes plus tard, nous grimpons les dix marches menant à la villa. Sous le portique, Tina, la cuisinière de la maison, nous attend. La propriétaire vit aux États-Unis. Tina nous ouvre les grandes portes d'acajou qui donnent sur le salon, d'où nous avons sur la mer une vue à couper le souffle. Les arches de la pièce créent une atmosphère enveloppante. La maison est féminine, tout est rond, doux au regard. Je m'y sens bien.

Je m'assois sur la terrasse pour contempler l'horizon. Une douce brise me caresse le visage. Je ne veux plus bouger, je ne veux pas partir: j'ai trouvé mon lieu.

Nataraj me tire par le bras.

— Viens, j'ai quelque chose à te montrer.

Il m'entraîne dans le corridor qui mène à la chambre d'invités. Il tourne mon corps vers un tableau trop grand pour être accroché dans ce couloir. Après les feux du soleil, mes yeux tardent à s'adapter à la pénombre.

— Des anges, ce sont des anges, un tableau d'anges!

Mon mari m'enveloppe les épaules de ses bras.

— Je te l'avais dit qu'il me fallait un signe, me glisse-t-il à l'oreille.

CHAPITRE 44

Le vol de l'aigle

Playa Grande, République dominicaine,
le 25 décembre 2000, 14 h

Couchée sur un transat, offerte au soleil, j'observe le vol d'un aigle. Il est grandiose dans ce ciel bleu. Je projette mon esprit en lui, je vole avec lui comme avec l'âme de mon mari. Isolée du groupe qui entoure Julie et Philippe, je me repose dans la mort que je porte en moi. J'ai besoin de solitude.

Les serveurs de la plage m'ont offert leurs condoléances. Ils m'ont prise dans leurs bras. Nataraj était leur ami. En fait, il était l'ami de tous les Dominicains du coin, sauf un. Moi aussi, je suis morte le 24 décembre 2000. Au revoir, Marie Lise qui existait avant. Bienvenue à l'inconnue que je suis.

Les vagues, par leur force et leur rythme, m'enseignent le mouvement de va-et-vient, le cycle de la vie et de la mort. L'aigle m'appelle dans son vol. Le sable m'inculque que je suis peu de chose dans un vaste tout. Entre ciel et terre, j'erre. J'ai perdu mon ancre. Je laisse mon esprit s'élever, sortir de mon corps, se nourrir à la Source de toute chose qui existe.

Je suis maintenant partout et nulle part. La force solaire enveloppe mon corps de sa lumière. Nataraj, où es-tu ? Est-ce toi dans l'aigle ? Dans les vagues ? Dans les grains de sable ? Libéré de ta forme, tu peux maintenant aller où tu veux. Comme je t'envie.

— N'oublie pas de t'hydrater, me rappelle la voix intérieure.

Je n'ai envie ni de boire, ni de manger, ni de respirer.

— Préserve la vie, insiste la voix en moi.

N'est-ce pas ce que j'ai choisi en restant vivante ? Pourquoi ne me suis-je pas levée pour aller ouvrir ? Pourquoi étais-je trop endormie pour réagir ? La balle m'était-elle destinée ? Si je suis encore là, c'est que j'ai encore à vivre, non ?

J'interroge la voix en moi. Pas de réponse. Je ne sais plus rien. Je suis une louve qui a perdu son chef de meute. Seule la beauté du paysage est un baume.

CHAPITRE 45

L'interrogatoire

Quartier de la police nationale, Nagua,
République dominicaine, le 26 décembre 2000, 14 h

*A*près une demi-heure de route, Jacques, le voisin de Marie Lise, *et moi nous arrêtons devant un édifice de style colonial. Plusieurs officiers discutent en fumant. C'est le quartier général de la
police nationale.*

*— Je vais rester avec toi, me rassure Jacques. Je traduirai leurs
questions et tes réponses. Rappelle-toi que si c'est trop difficile, tu
n'es pas obligée de répondre.*

*J'acquiesce. Nous descendons de la voiture. Un officier vient à
notre rencontre. Il porte une arme, comme tous les autres. Je n'aime
ni les fusils ni les regards narquois qu'on me lance.*

*— Jacques, je ne me sens pas bien, j'aimerais aller aux toi-
lettes.*

*Un officier nous y conduit. Il nous fait signe d'attendre, dispa-
raît derrière le muret, revient et me fait signe d'entrer. C'est une
pièce immense, tapissée de tuiles brunâtres, avec, au milieu, un
simple trou. Je suis dans le plus grand urinoir que j'ai jamais vu.
L'odeur étouffante me donne l'impression d'être épiée par tous les
hommes qui sont passés ici avant moi. Je m'accroupis.*

Peu après, je rejoins Jacques qui m'attend avec un cortège d'officiers. Un colonel vient à notre rencontre. Il est gras. Il ordonne aux officiers désorganisés de lui apporter la machine à écrire. Il me regarde sans m'adresser la parole, puis nous invite à le suivre jusque dans une pièce meublée d'un bureau et de deux chaises de bois. Il nous fait signe de nous asseoir. Les deux jeunes officiers ne me quittent pas des yeux. Le colonel s'impatiente. Il gesticule en parlant très fort. Il lui faut de quoi prendre ma déposition. Un autre officier entre en trombe et, du bout des bras, par-dessus le bureau, lui tend une vieille machine à écrire. C'est complètement archaïque! J'ai l'impression d'assister à une parodie.

Le colonel insère une feuille de papier dans le rouleau et s'adresse à Jacques.

— Su nombre? La relación con la victima? La hora del homicidio? (*Son nom? La relation avec la victime? L'heure du meurtre?*)

Jacques lui fournit les renseignements sans me consulter. Chaque claquement correspond à une lettre, les lettres forment mes mots, ces mots racontent mon histoire. Mon récit sera poinçonné, copié, estampillé. Les derniers moments de Nataraj seront un jour ici classés, oubliés.

Par où commencer? Comment trouver le courage? Je regarde à droite, il y a une fenêtre recouverte de bois. Comme sur un tableau vide, j'y imagine ce que je veux: la mer et ses vagues qui se brisent à l'infini.

— Julie, ils sont prêts à commencer. Peux-tu nous dire ce que tu as fait et où tu étais le soir du 23 décembre?

Sous le regard interrogateur du colonel, tout chavire. Je comprends le mépris, les doutes qu'il a sur moi. Ici, je ne suis pas la victime, mais une complice potentielle. Je me sens faible, mais je dois rester droite, me concentrer. Je dois remplir mon devoir et raconter les faits avec justesse.

Marie n'est pas avec moi, car on tient à nous interroger séparément, pour confronter nos témoignages. Je regarde mon traducteur.

— À partir de quelle heure ?

— Depuis six heures du soir, répond Jacques.

Je me lance. Phrase après phrase, Jacques traduit mon histoire. Les questions défilent, ma voix raconte, mon cœur se resserre. Avec plus de courage, j'aurais pu avertir Nataraj. En s'additionnant, mes mots augmentent le poids de ma culpabilité. Je faiblis, on arrête de m'interroger, on estampille ma déposition.

On frappe à la porte. Marie Lise entre, accompagnée d'un officier. Elle aussi a livré son témoignage. Elle s'assoit à côté de moi et me prend la main. On lui demande quelque chose en espagnol, mais je ne comprends pas tout. Marie expire profondément et répond d'un ton calme, mais grave. Le corps raide, elle se tourne vers moi.

— Ils veulent que tu voies des hommes qu'ils ont arrêtés dans la nuit du 24. Crois-tu en être capable ?

— Oui, si tu restes avec moi.

Je ferai tout ce que je peux pour faire avancer l'enquête. Depuis que j'ai ordonné à mon corps de faire le mort, je ne l'ai pas complètement réintégré. Une partie de moi est disparue, engourdie, à demi présente ; je dois rassembler mes esprits. Si je le vois, mon corps réagira, et je le reconnaîtrai.

On nous demande de nous lever. Moi, je dois rester au centre de la pièce. Marie Lise et Jacques se rangent le long du mur. Le colonel fait signe à un officier. Celui-ci se dirige vers la fenêtre de bois, seule ouverture de la pièce. Le colonel parle à Marie. Elle me traduit.

— Si tu ne bouges pas, ils ne te verront pas. Sois sans crainte, je suis là. Respire.

On ouvre le panneau de bois ; mon tableau imaginaire se métamorphose en fenêtre révélant une dure réalité : le milieu carcéral dominicain. Ce qui m'est donné à voir déclenche une tristesse immédiate, plus grande que tout mon être. Elle s'empare de moi, c'est la tristesse des femmes, la tristesse des mères.

Au fond de la cour, je vois une ouverture fermée par des barreaux de fer. Dans ce trou, c'est la noirceur totale. Puis des mains s'agrippent aux barreaux, des visages émergent de l'ombre. Des dizaines d'hommes me regardent maintenant des profondeurs de ce trou. En attendant leur procès, ils attendent là, dans l'expectative, ni coupables ni innocents, les uns sur les autres. C'est inhumain. Je cherche la main de Marie Lise, je vais m'effondrer. Non, comme elle, je dois rester droite, incarner mon rôle, jouer la jeune femme témoin, identifier le meurtrier.

Le premier homme s'avance dans la cour intérieure. Je le vois de profil, nos regards ne peuvent se croiser. Pourtant, je sais qu'il peut me voir du coin de l'œil. Je suis ce visage flou, cette tache noire qui décide aujourd'hui de son sort.

— Trop mince, beaucoup trop jeune, ce n'est pas lui, j'en suis certaine.

Marie traduit tout au colonel. L'accusé l'entend, respire et baisse la tête, soulagé. Un autre s'avance et prend sa place. Le même scénario se répète. Plus je regarde ces hommes, et les autres derrière qui me fixent du fond de ce trou horrible, plus je me sens imposteur. Qui suis-je pour décider de leur sort ? Les mots de Nataraj, lors de notre dernier repas, me reviennent en mémoire : « Il est très important de suivre la voie du cœur. Tous la portent en eux, il faut être capable de l'écouter. » Aurait-il souhaité qu'on le venge ? Souhaité que l'intrus soit enfermé dans un trou comme celui-ci ? Mon cœur dit non, je ne peux prendre de décision rationnelle.

J'ai finalement vu les quatre hommes qui ont été arrêtés en ville dans la nuit du 24. Quatre jeunes hommes ivres, de petits voleurs. Aucun d'eux n'est l'assassin.

— C'est terminé, maintenant, rentrons, me dit Marie Lise en me serrant par les épaules.

CHAPITRE 46

Men in Black

Los Peñascos, République dominicaine,
le 27 décembre 2000, 13 h

Ils sont trois qui descendent d'une jeep noire aux vitres teintées. Grands, portant lunettes fumées et cheveux ras, vêtus de vestons noirs, cravates sombres, chemises blanches, ils entrent par la porte arrière du jardin. Les policiers leur ouvrent les grilles de mon centre de formation. Derrière eux, une voiture identique se gare dans le stationnement. Que font ces hommes chez moi?

La peur au ventre, j'ai une impression d'intrusion. L'angoisse me serre le plexus. Je quitte la terrasse de ma chambre. Les hommes en noir se sont arrêtés à l'entrée du centre. Ils conversent avec les policiers. J'observe leur langage non verbal. Je n'ai pas confiance. Ils sont froids, le visage impassible. Le plus grand m'adresse la parole dans un espagnol parfait.

— *Señora* Labonté, Interpol.

Je suis instinctivement sur la défensive. La scène est irréelle: Interpol est dans mon centre de guérison. Méfiante, je leur demande de me montrer leurs papiers. Les trois, d'un geste assuré, sortent leurs pièces d'identité.

— *Señora* Labonté, la situation s'est aggravée. Le général Beauchamp a été assassiné cette nuit avec la même arme qui a tué votre mari. Tout nous laisse croire que ce serait le même homme.

— Mais qui est le général Beauchamp[20] ?

Interpol me donne quelques précisions sur ce général à la retraite qui vivait à quelques kilomètres de chez moi. Comme mon mari, il a été tué par balle. Son amie a été violée, mais a survécu. Je tremble à l'idée de ce qui aurait pu nous arriver, à Julie et à moi.

— Dans le rapport de police, vous dites que vous n'avez pas vu l'homme qui a tiré sur votre mari. C'est bien cela ?

— Oui ! Je vous confirme que je ne l'ai pas vu. Tout s'est passé derrière un rideau.

— Nous voulons voir votre nièce. Notre expert est là. Il va dresser un portrait-robot selon sa description. C'est urgent. Cet homme est dangereux, nous devons l'arrêter le plus rapidement possible.

J'ai l'impression que le sol se dérobe sous mes pieds. Je suis dans un mauvais film de série noire. S'il vous plaît, sortez-moi de ce cauchemar ! L'homme qui a tiré sur mon mari est-il dangereux à ce point ? J'ai de la difficulté à le croire. Je suis restée avec l'impression qu'il n'est pas un tueur, que c'est la panique qui l'a poussé à appuyer sur la détente.

— Où est votre nièce ?

J'ai laissé Julie aller à la plage alors que le tueur continue de sévir. Suis-je totalement irresponsable ? Suis-je en dehors de la réalité ?

---

20. Juan René Beauchamp, général à la retraite, ex-secrétaire des forces armées de la République dominicaine, fut assassiné le 26 décembre 2000.

D'une voix inquiète, je réponds :

— Elle est à la plage.

— Quelle plage ?

— La Playa Grande.

— Restez ici, nous envoyons des hommes la chercher.

— Comment allez-vous la reconnaître ? Je dois y aller.

— Non ! N'y a-t-il pas quelqu'un d'ici qui peut les accompagner ?

Je pense à mon ami Sunny, un de mes voisins, qui vient de me rendre visite.

— *Señora* Labonté, vous êtes en danger. Nous posterons des hommes pour surveiller votre maison.

L'homme semble insister. Je frémis. La peur est bien là, je la reconnais.

— Soyez sans crainte. Nous assurerons votre protection.

La voix de l'homme est soudainement douce. Malgré son mouvement d'empathie, je ne fais plus confiance. Je me sens traquée de toutes parts.

— Dans le rapport de police, votre nièce dit qu'elle quitte le pays demain et vous, après-demain ?

— Oui !

— Je vous informe que vous ne pouvez pas sortir du pays. Vous et votre nièce êtes assignées à résidence.

Je n'entends plus cet homme. L'univers se referme sur moi. C'est trop, je ne peux plus en prendre. Pouvez-vous nous laisser tranquilles, ma nièce et moi ? Je me fous du reste. Je ne suis plus capable de tenir. J'ai besoin d'aide.

CHAPITRE 47

Ce visage imprégné en moi

Playa Grande, République dominicaine,
le 27 décembre 2000, 15 h

La mer est explosive, c'est une de ces journées où celui qui s'y aventure doit s'attendre à ce qu'elle l'avale. Le baigneur fait un pacte avec la source; s'en imprégner pourrait lui être fatal.

Sue, Marc, Philippe et moi sommes fascinés par l'océan et ses teintes bleues troublées. L'air marin nous transmet un peu de sa force, nous ramène à l'essentiel. Nous sommes vivants et contemplons un grand phénomène, le ressac infini des vagues.

Je ne suis pas victime. La vie donne, la vie reprend; je comprends enfin tout le sens de cette phrase. J'ai le droit de pleurer, je ne dois pas disparaître. Survivante, je porte la vie. Il me faut l'honorer, afin d'honorer Nataraj. J'entends une voix au loin. C'est celle de Sunny. Il est accompagné de deux hommes en noir qui se cachent derrière leurs verres fumés.

— Julie, I am so sorry, but you're gonna have to come with us. Interpol is here and they want you to come home, they need to talk with you. (*Julie, je suis désolé, tu dois venir avec nous. Interpol est ici, ils veulent que tu rentres à la maison, ils ont besoin de te parler.*)

Ayant bu une bière pour alléger la douleur, je suis engourdie par l'alcool. J'ai besoin de rester ici, dans la nature. Hier, j'ai déjà tout raconté à la police. Il m'est difficile de replonger dans le drame, alors que j'essaie toujours d'assimiler ce qui se passe, de comprendre comment je me sens, de reprendre contact avec mon corps, de maîtriser ma voix.

Dans la maison, ils sont nombreux à m'attendre : Rolland l'intendant, Jean le propriétaire de La Palmera Royal. Je rejoue les scènes du drame en imitant les déplacements de l'intrus. Les experts prennent des notes, attentionnés, minutieux.

Je m'assois à la table et demande du papier et des crayons de différentes couleurs. On me les apporte sans me poser de questions. Puis je me mets à tracer un plan de la maison, j'établis une légende. Les X représentent les pas de l'intrus ; les pointillés, les miens ; un trait jaune représente Nataraj. Les hommes en noir sont patients. De l'autre côté de la table, un expert dessine un portrait-robot du meurtrier d'après mes descriptions de ses yeux, ses lèvres, son nez et sa bouche. Le visage est imprégné en moi, pourtant, lorsque je regarde son portrait, je ne le reconnais pas. Comme je dessine souvent le visage de ceux que j'aime, je prends délicatement une feuille blanche, un crayon à mine, et je m'exécute. Peu à peu, son visage apparaît sur le papier.

J'entends : « Nous le reconnaissons. C'est le Balsero. »

CHAPITRE 48

Ni haine, ni vengeance

Villa L'Hacienda, République dominicaine,
le 28 décembre 2000, 19 h

« Paul est mon oxygène, ma respiration. Il est le seul qui
ne me demande rien. Il attend, il m'attend, il écoute
mes longs silences remplis de pleurs. Les appels téléphoniques outre-mer durent des heures. Il est le phare dans ma
tempête. Avec lui, j'ai l'impression d'exister à nouveau. »

Les doigts crispés sur ma plume, je couche ces mots dans
mon journal de deuil. Mes larmes laissent de grands cernes
d'encre. Les lignes disparaissent, noyées dans un océan de
douleur. Dehors, le vent s'est de nouveau levé. C'est l'hiver,
après la pleine lune. Je ferme les yeux, je prie.

La police nous a libérées, nous ne sommes plus assignées
à résidence. Ils ont repéré le tueur, ils l'attendent chez lui pour
le cueillir. Je m'en fous. Rendez-moi mon mari.

Julie et Philippe ont pu repartir pour Montréal. Séparée de ma
nièce, j'ai cette impression forte que l'on m'arrache les entrailles.

Le téléphone n'arrête pas de sonner, la presse montréalaise
cherche à me joindre. Il faut que je leur parle pour ne pas que
l'on déforme tout. Ils cherchent à attaquer le pays, à dire que

c'est dangereux. La même chose aurait pu se produire à Montréal. N'ai-je pas été cambriolée, déjà, dans mon appartement du centre-ville ? N'ont-ils pas trouvé une arme à feu dans mon jardin ? Alors ? New York, Paris, Montréal, le drame est possible partout. Laissez ma terre tranquille, laissez en paix ce peuple dominicain, cessez de vouloir tout détruire.

Le journaliste doit m'appeler d'un moment à l'autre. Quand la sonnerie du téléphone retentit, je me recentre en quelques secondes. Je ne suis pas victime.

— Madame Labonté ?

— Oui, c'est moi.

— Merci de bien vouloir me parler. D'abord, toutes mes condoléances.

La voix de l'homme est chaude. Je le sens sincère. Il me questionne, je réponds en toute simplicité. Discernement du verbe, ne pas nourrir le sensationnalisme.

— Vous devez en vouloir à l'homme qui a tué votre mari. Éprouver de la colère, même de la haine.

Voilà la même question qui revient chaque jour dans mon entourage, comme s'il n'y avait qu'une réponse à ce qui s'est produit : haïr et se venger.

— Écoutez, monsieur, cet homme n'avait pas l'intention de tuer mon mari. C'est un voleur, pas un tueur.

Un court silence au bout du fil me renseigne sur la portée de mes paroles. Suis-je folle ? Suis-je en train de défendre l'agresseur ? Suis-je traumatisée à ce point ?

— Madame Labonté, êtes-vous en train de me dire que cet homme n'avait pas l'intention de tuer votre mari ?

Je sonde mon cœur, ma mémoire, mon ressenti. J'exprime ma vérité.

— Non. Le problème, c'est qu'ils se sont reconnus. Alors il a tiré à bout portant. L'homme que ma nièce a dessiné a déjà été le gardien du complexe immobilier de Los Peñascos. Il y a de cela deux ans, mon mari en était le directeur. Nous avions même construit pour cet homme une petite cabane pour l'abriter de la pluie.

— Madame Labonté, c'est incroyable ce que vous me dites là. Vous n'en voulez pas à cet homme?

Je sens que j'indigne le journaliste. Sa voix devient plus dure.

— Cet homme avait aussi peur que ma nièce et moi, il était totalement paniqué. Ce n'est pas un vrai tueur.

Encore un silence. Il faut que je mette fin à cette conversation.

— Écoutez, mon mari n'est plus de ce monde. C'est ça, l'horreur. Ma nièce et moi, nous sommes toujours en vie. Un fils a perdu son père, des familles sont en deuil. Comment vivre avec ça? Le reste n'est pas important pour moi. Je vais raccrocher.

— Madame Labonté, je vous remercie de votre disponibilité…

Dehors, le vent siffle, j'entends mon garde du corps tousser. Je reprends ma plume.

Le choc fait trembler notre terre intérieure comme une secousse sismique sous-marine soulève une vague géante, une déferlante qui balaie tout sur son passage... Le choc nous a surpris et son onde nous met en mouvement... Certes nous avons l'air de survivants d'après l'épreuve, alors que tout au contraire nous sommes plus que vivants. Car l'épreuve nous met face à la Vie. Et cette vie qui frappe à notre porte est brutale. Elle nous secoue. Réveille-toi ! nous dit-elle. Alors, sommes-nous prêts à rencontrer l'essentiel[21] ?

---

21. *Le choix de vivre* et *Le point de rupture, op. cit.*

CHAPITRE 49

Le jumeau

Plateau Mont-Royal, Montréal, février 1979,
dans l'après-midi

Sous l'eau chaude dans le spa, je respire à l'aide du tuba. Le rythme est continu. Je respecte la règle d'or du processus de rebirthing, qui consiste à plus inspirer qu'expirer. Pendant que le souffle libère les tensions de mon corps qui flotte, l'eau me permet d'atteindre un état altéré de conscience. Mes sens extérieurs s'apaisent et s'ouvrent à un univers intérieur. Je suis dans l'expérience matricielle.

Naturellement, mes bras, mes jambes et le haut de mon corps adoptent la position fœtale. Une vague de tristesse connue, ancienne, issue de mes premiers souvenirs de vie, s'empare de moi. Je laisse ce sentiment profond, celui d'être abandonnée et d'abandonner, me guider vers les images qui apparaissent dans mon champ visuel intérieur.

À mes côtés repose un fœtus mort. Étonnée par cette découverte, je tourne mon regard intérieur vers la droite pour m'assurer de la véracité de mon ressenti. Il y a bel et bien un fœtus mort qui flotte à côté de moi. Un garçon. Ne pas résister à cette mémoire, ne pas tenter de l'analyser, laisser le processus se vivre.

Je maintiens le rythme respiratoire afin de faire circuler cette impression qui réveille une douleur vive de désespoir, d'impuissance et de mal-être. Le sentiment d'avoir perdu quelqu'un, d'avoir abandonné l'autre à son triste sort, la culpabilité de vivre : tout est là.

Maintenir le souffle, surtout ne pas arrêter de respirer, laisser l'émotion et sa vague circuler. Petit à petit, la mémoire se libère et je retrouve un espace de calme et d'acceptation. Je clos ainsi ma séance de rebirthing.

Les cheveux mouillés sous mon bonnet de laine, je marche dans la rue Duluth d'un pas décidé pour retourner à mon appartement. Appeler ma mère, vite, j'ai besoin de la questionner au sujet de ce que je viens de découvrir. Pour le moment, je retiens mes hypothèses folles de grossesse gémellaire.

— Oui, me répond la voix endormie de mon père tiré de sa sieste quotidienne.

— Papa, excuse-moi de te réveiller, passe-moi maman, c'est urgent.

— Ne la garde pas trop longtemps au téléphone, car nous partons en ski de fond dans le parc.

C'est étonnant comment mes parents sont encore sportifs à leur âge.

— Bonjour, Marie Lise, me lance ma mère de sa voix claire.

— Maman, j'ai une question importante à te poser.

— Oui ?

— Lorsque tu étais enceinte de moi, as-tu eu d'importantes pertes de sang ?

— Ta question est étrange. Est-ce que tante Thérèse t'a raconté quelque chose ?

— Non, mais qu'aurait-elle pu me raconter ?

Un silence s'installe soudainement. Y aurait-il un secret ?

— Eh bien, oui ! J'ai pensé t'avoir perdue.

La voix de ma mère est hésitante.

— Tu m'as toujours dit que j'étais très attendue…

— Tu sais combien j'ai fait de fausses couches. Alors que j'étais de nouveau enceinte de plus de trois mois, j'ai eu une grosse perte de sang et de substances. J'ai fait venir d'urgence le médecin de Granby. Il m'a conseillé de ne pas bouger pendant quelques jours. J'étais convaincue que je t'avais perdue. C'était pour moi un drame, j'avais 37 ans. À l'époque, les échographies n'existaient pas. On ne pouvait pas vérifier.

Fascinée par les paroles de ma mère qui confirment mon expérience de rebirthing, je prends conscience du secret qui entoure ma vie intra-utérine.

— Maman, continue, s'il te plaît, c'est important.

— J'ai donc attendu et peu après nous avons constaté que j'étais toujours enceinte. Cette histoire n'a jamais été très claire pour moi. Seule tante Thérèse est au courant. Mais comment le sais-tu?

— Je te raconterai un jour. Merci, maman, et bonne promenade en ski.

Je m'empresse de raconter à ma colocataire mon expérience de rebirthing sous l'eau et la conversation avec ma mère. C'est extraordinaire, je peux enfin mettre le doigt sur cette souffrance inhérente à mon âme, collée à ma chair intrinsèque depuis que je suis toute petite. Cette tristesse sans fond qui me hante depuis la nuit des temps.

Mon amie me fait de grands yeux.

— C'est fort! Tu as retrouvé des souvenirs de ta vie intra-utérine. T'en rends-tu compte?

Ces paroles soulèvent en moi une gratitude infinie pour mon inconscient. Un an auparavant, je revenais de Paris, où je m'étais guérie de ma maladie auto-immune. Et je suis sur le point de partir à New York pour poursuivre mes études en psychothérapie. Mon mouvement intérieur est profond. Je ne suis plus atteinte dans mon corps par cette maladie articulaire. Je peux enfin marcher, courir et danser. Ce secret de ma vie fœtale me libère d'un autre poids.

CHAPITRE 50

L'appel

Villa L'Hacienda, République dominicaine,
le 29 décembre 2000, 11 h

Occupée à faire mes valises, je sélectionne les vêtements de Nataraj. Son fils Justin aimerait avoir ses vêtements. Nous recherchons instinctivement l'odeur de celui qui nous a quittés. N'ai-je pas passé des heures à sentir ses vêtements?

L'idée de quitter la maison m'est quasi intolérable. Ici, j'ai l'impression de veiller sur l'âme de mon mari. Faire face à la famille, aux amis, à l'administration, à la banque, tout me pèse.

Rolland est là, dans l'embrasure de la porte.

— Excuse-moi de te déranger, mais j'aimerais te présenter un nouveau jardinier.

— Ah bon!

Je salue l'homme d'une poignée de main. C'est étrange, ce jardinier a les mains blanches comme s'il n'avait jamais touché la terre.

— Marie Lise, tu dois prendre cet appel d'Europe.

La voix de mon amie Rose est insistante. Je salue les deux hommes, puis je décroche le combiné avec réticence.

— Oui ?

— Marie Lise, je m'appelle Pauline. Nous nous sommes rencontrées lors d'un séminaire que vous donniez en Belgique. C'était au mois de juin et Nataraj vous assistait.

Mon cerveau tente de retracer un visage associé à cette voix de femme.

— Je tiens à vous offrir mes condoléances.

Je peste un peu contre Rose, car c'est exactement le genre d'appel que je refuse de prendre.

— Je vous remercie, Pauline, mais ce n'est pas le moment.

— Je comprends, mais j'insiste. Il faut que vous sachiez que j'ai commencé une relation avec votre mari au mois d'octobre.

Commencé une relation… intime ? Une image me revient. Une femme blonde, grande, possédant un haras, et récemment divorcée d'un Belge de la noblesse. Aux pauses, mon mari discutait avec elle de chevaux.

— Que désirez-vous ?

Ma voix n'est qu'un souffle.

— Nous devons nous rencontrer lors de votre prochain voyage en Belgique, car nous avons de très forts liens.

L'intensité soudaine de sa voix me laisse présager une forme d'instabilité émotionnelle.

— Qu'entendez-vous par « liens » ?

— Marie Lise, lorsque j'ai appris la mort de Nataraj, j'étais atterrée. J'ai alors consulté une voyante qui m'a dit combien de vies nous avons eu ensemble. Vous, Nataraj et moi sommes profondément liés.

Mon réflexe est de raccrocher, mais je me retiens, car son désarroi est tellement perceptible que je ne me sens pas la force de lui infliger ce mouvement de rejet. L'écouter. Au moins, l'écouter. Elle perçoit mon silence comme une invitation à se livrer et me raconte les révélations de sa voyante. Pendant tout ce temps, j'essaie de discerner, dans sa voix et ses propos, le faux du vrai. Son discours m'est incompréhensible. A-t-elle vraiment consulté une voyante ? Est-ce pure invention ?

— Excusez-moi, Pauline, mais, où voulez-vous en venir ?

— Marie Lise, j'ai une question à vous poser, elle est très importante. Avez-vous fait l'amour avec Nataraj avant sa mort ?

J'hallucine ! Qui est cette femme ? Mon corps se met à trembler. Dans mon état de vulnérabilité, cette question est une intrusion violente. Réagir, vite, retrouver la distance.

— Madame, si mon mari a eu une relation intime avec vous, je le regrette. Il aurait manqué à la déontologie que nous soutenons. Comme vous le savez, aucune relation intime n'est permise avec les participants de nos ateliers.

— Je lui avais demandé de ne plus faire l'amour avec vous.

— Pardon ?

— Oui, je lui avais demandé de ne plus vous toucher, de ne plus retourner en République dominicaine. Nous partagions beaucoup de choses ensemble. Notre relation était karmique. Je dois savoir si vous avez fait l'amour avec lui.

Mes pensées vont à la vitesse de la lumière. Mes réflexes de psy aussi. Surtout, ne pas lui répondre.

— Madame, je ne peux pas vous aider. Je vais raccrocher. Je crois que vous avez besoin de consulter. Je comprends que la mort de mon mari suscite une vive émotion en vous. Quittez les voyants et trouvez un bon thérapeute qui pourra vous soutenir dans ce processus.

Le combiné, chargé du poids de notre conversation, retombe brutalement sur l'appareil. Dans un geste spontané, mes bras enveloppent mon corps. J'ai besoin de protection. Je sais déjà, par le nombre d'appels que j'ai reçus, que l'assassinat de Nataraj a soulevé d'énormes réactions. Notre couple était connu. Combien de gens se sont identifiés à nous, à notre relation, à notre travail, à notre succès?

Et si cette histoire avec Pauline était vraie? Les paroles de mon mari, lors de notre dernier échange amoureux, me reviennent.

— Je suis si attaché à ton corps. Je n'arrive pas à…

Cette histoire est-elle vraie? Ou est-ce le fait qu'une partie de lui se préparait à mourir? Je ne sais plus ce qui est juste ou non. Il a emporté ce secret avec lui.

CHAPITRE 51

El hechal

El hechal, République dominicaine,
le 28 décembre 2000, 15 h

L e Balsero est en colère. Terré comme un animal dans une hutte abandonnée tout près de la rivière, il se cache. Des amis l'ont averti que la police l'attend chez lui pour l'arrêter. Et sa femme, Maria, que vont-ils lui faire?

Angito a tué le général Beauchamp avec son neuf millimètres, l'arme qu'il lui a vendue! Il n'en revient pas.

— *Coño*, marmonne-t-il à l'endroit d'Angito. *Coño, coño, coño*, répète-t-il entre ses mâchoires serrées comme des étaux.

Tout est allé très vite, trop vite. Sa vie est finie. Poursuivi par la police et la mafia, on va l'accuser de deux meurtres. Il ne reverra plus le ciel. Pourquoi ne pas avoir jeté l'arme?

— *Muy mala, muy mala!* rage-t-il contre lui-même.

Le Balsero se prend la tête à deux mains. Il voudrait disparaître dans un trou. Il a faim, il a soif. Il n'est pas comme le fou qui se nourrit de racines dans les grottes. Lui, il est un homme! Mais n'est-il pas fini?

Boire l'eau de la rivière, mouiller sa tête, retrouver ses esprits. Le Balsero sort de sa cachette. Le corps plié en deux dans les broussailles, il se dirige vers le bord d'El hechal. Le courant est fort en hiver. Il se penche pour boire de l'eau. Sa fraîcheur soulage le feu qui le brûle.

Ses pensées s'éclaircissent. La nouvelle de la mort du général s'est répandue comme le feu dans un baril de poudre. Tué avec le même pistolet qui a enlevé la vie au Canadien ! On dit que la fille a dessiné son portrait. Maudite lune qui, ce soir-là, lui a donné un visage. Non seulement a-t-il tué une fois, mais le voici accusé d'avoir tué une seconde fois.

— *Coño* !

Sa voix est couverte par le bruit de la rivière.

Angito est vraiment dément ! Pourquoi s'en prendre à un haut gradé à la retraite, ancien ami de Trujillo[22], puis violer son amie ? Cela ne ressemble pas au Balsero. Lui, il vole, mais ne viole pas.

---

22. Dictateur de la République dominicaine de 1930 à 1961.

CHAPITRE 52

Qui est ton père ?

Montréal, le 14 septembre 1995, 18 h

Assise à une table de mon restaurant grec préféré, je regarde mon père, à côté de moi. Je le trouve magnifique, à 90 ans. Pendant que maman nous raconte sa journée, je lui tiens la main tout en caressant sa peau sillonnée de veines. Je m'amuse à compter les taches de vieillesse qui la parsèment. Mes yeux vont du visage de ma mère à celui de mon père. Quel beau couple ils forment ! Déclaré sénile depuis peu de temps, mon père nous raconte toutes sortes d'histoires sur sa journée. Ma mère l'aide à distinguer le vrai du faux.

— Maman, ce n'est pas trop difficile avec papa ?

— Non, ça va. Je suis contente que tu nous invites au restaurant. J'ai besoin de sortir.

Comme d'habitude, ma mère ne se plaint pas. Elle reste la femme forte qui tient le coup.

Une demi-bouteille de retsina est déposée sur la table par le restaurateur à qui je présente mes parents. Papa entreprend de lui raconter un de ses voyages imaginaires en Grèce. Je regarde maman et nous retenons notre fou rire, car mon père n'est allé en Grèce que par les livres. Je détourne délicatement la conversation en portant un toast à leur anniversaire de mariage. Ils sont mariés depuis 55 ans.

Mon père devenu silencieux me regarde avec intensité. Il me touche le bras.

— Tu es si belle, mais qui est ton père?

C'est fou, les voies que prend la sénilité. Comment est-ce possible qu'en quatre mots, ma relation au père soit ainsi résumée? Avec émotion, je m'empresse d'affirmer:

— Mais, papa, c'est toi, mon père… C'est toi, mon père.

Des larmes me montent aux yeux pendant que, de sa main vieillie par le temps, il me touche le visage.

— Oh! Comme je suis chanceux d'être ton père!

CHAPITRE 53

Miami airport

Aéroport de Miami, le 29 décembre 2000, 19 h

Assise par terre à côté d'une poubelle, lieu fort symbolique, j'attends que les agents d'American Airlines annoncent l'embarquement. La salle d'attente est remplie à craquer. En regardant les autres passagers, je réalise que je suis décalée. Je ne suis plus du côté des gens heureux.

Il y a quelques jours, j'étais avec lui, ici même, dans cet aéroport. Quel choc ! Mes rêves se sont évaporés. Assignée à résidence dans mon passé, mon cerveau sera bientôt constamment interpellé par tous les lieux, les gens, les habitudes de notre vie à deux. Les souvenirs vont devenir ma nourriture quotidienne.

La culpabilité me ronge. Je tente de lui résister, mais, depuis que Julie et Philippe sont partis, je me sens complètement seule et livrée à mes ombres. L'appel de Pauline, ce matin, ne m'aide pas. Foutue culpabilité ! Je la connais bien. Ne l'ai-je pas côtoyée durant toute mon enfance ? Insidieuse, elle a pénétré les pores de ma peau. À ma naissance, coupable d'exister ; enfant, coupable de ne pas avoir su attirer l'attention de mon père ; à l'adolescence, coupable d'être plus heureuse que ma mère ; jeune adulte, coupable d'être malade ; et, maintenant, coupable de ne pas avoir sauvé mon mari.

Mes yeux observent le sol de la salle d'embarquement. Ce n'est pas très propre. Je devrais me lever, tenter de me tenir debout. Épuisée par le manque de nourriture et le voyage, je me laisse aller dans des limbes mentaux. Les hommes meurent autour de moi : cette bonne vieille croyance est venue me visiter la veille au soir. Depuis, elle me colle après. Pensée forte, nourrie par ma mère qui a perdu son père à 17 ans, nourrie par la perte du jumeau dans son ventre. Une partie de moi me dit : « Regarde, c'est vrai, c'est ton mari, et après, qui d'autre ? »

J'ai beau savoir que cette pensée repose sur un conditionnement maternel et surtout sur une sorte de conclusion intérieure venue des profondeurs de mon inconscient, je n'ai pas la force de la combattre. Au contraire, je suis tentée de me dire : « Regarde, c'est vrai. »

Ont-ils commencé l'embarquement ? Il ne faut pas que je rate l'avion.

En regardant les gens normaux qui attendent de rentrer à Montréal, je réalise que je suis bel et bien traumatisée. J'ai besoin de protection, j'ai besoin d'amour, j'ai besoin qu'on m'étreigne. Pire, j'ai besoin de faire l'amour, j'ai besoin que l'on habite mon corps et que l'on vive à ma place. La coquille corporelle est vide, mon âme est ailleurs. J'ai perdu mon compagnon. Je suis veuve.

Des hommes sont là, avec leur épouse, leurs enfants. Et moi ? Comment puis-je exister maintenant ? Le désir de jouir hante le bas de mon ventre. Ce soir, je doute qu'une vie m'attende.

Une voix annonce l'embarquement. Je vois passer des jambes et des jambes. Il y en a toutes sortes, dénudées, bronzées, enveloppées de jeans, cachées dans des bottes d'hiver. Des souvenirs de mon enfance me reviennent. Haute comme trois pommes, assise par terre sur le plancher du salon de coiffure de mon père, je voyais toutes ces jambes de femmes dont j'étais jalouse. Dans mon univers d'enfant, ces femmes me volaient mon père. Combien de fois ai-je travaillé ce problème en thérapie?

Je pleure mon mari, je pleure mon père. Comme j'aimerais qu'ils soient vivants, qu'ils me prennent dans leurs bras et me protègent!

Mon nom résonne dans les haut-parleurs. Je suis là, à quelques mètres des agents, et j'ai perdu le fil du temps. Mon corps est lourd. Ne plus penser, ne plus penser… Et si je vivais le reste de ma vie en transit à l'aéroport de Miami?

CHAPITRE 54

La porte du trauma

Montréal, le 30 décembre 2000, 18 h

L ucie, la spécialiste en trauma, nous rappelle que Nataraj a été assassiné il y a à peine six jours.

— J'ai l'impression que cela fait des siècles tellement je me sens vieille et fatiguée.

Ma réaction spontanée lance le mouvement et voilà que Julie et moi pleurons toutes les larmes de nos corps. La thérapeute nous pose d'habiles questions et nous relatons les faits une nouvelle fois. C'est libérateur et irritant. Je me questionne : qu'y a-t-il de si irritant ?

La réponse ne se fait pas attendre : la peur. Ce monstre habite toutes les cellules de mon corps. La porte du trauma est en train de s'ouvrir. La voix de la psy, douce et sécurisante, m'incite à parler. Je lui résiste. Mais à quoi et pourquoi je résiste ? Au trauma, au choc ; je n'ose m'y abandonner. Jusqu'à maintenant, j'ai tenu le coup. Je me suis protégée du tsunami comme j'ai pu. Mais, depuis le retour à Montréal, tard dans la nuit, tout me ramène à Nataraj et à ce qui m'a été enlevé : le loft, notre chambre, les souvenirs à chaque coin de rue. Combien de temps puis-je ainsi résister au trauma, alors qu'il a déjà laissé des traces ?

— Vous avez rencontré la mort, poursuit la spécialiste. Qu'y a-t-il à ajouter?

— Vous êtes des survivantes. Avez-vous quelque chose à nommer l'une à l'autre en ma présence? Quelque chose que vous n'avez pas osé vous confier?

Décidément, cette femme connaît son travail.

— Je ressens un lien particulier avec Julie, lien qui génère beaucoup d'angoisse. J'ai besoin d'elle pour respirer. Quand elle n'est pas avec moi, l'anxiété me noue le plexus solaire. J'ai l'impression que nous sommes reliées par un cordon ombilical. Si je comprends intellectuellement ce qui nous relie dans le traumatisme, le vivre m'est très difficile.

Je viens de lâcher le morceau.

— Avez-vous eu peur de la perdre pendant l'agression?

C'est exactement cela. La scène de derrière le rideau se rejoue très rapidement.

— Oui! J'étais convaincue que le second coup de feu l'avait tuée. J'ai cru que l'agresseur l'avait éliminée et qu'il ne lui restait plus qu'à me tuer.

À peine prononcée, cette phrase fait monter en moi une énorme vague de tristesse. Totalement submergé, mon corps se liquéfie. La peur est bien vivante. La peur de mourir, d'être la seule survivante, de perdre deux êtres chers, coup sur coup.

— Attends, Marie, j'ai pensé la même chose. Moi aussi, j'ai cru que tu étais morte.

Perdue dans cet océan de mémoires, je me rends compte que Julie et moi avons très peu utilisé le langage verbal depuis le 24 décembre. Le corps, le regard, la peau, le toucher ont été nos moyens de communication.

— Comment est-ce possible que nous n'en ayons jamais parlé?

La porte du trauma s'entrouvre. La vie veut m'initier, et le reconnaître me fait trembler. Accepter que rien ne sera plus jamais pareil est encore impensable. Je ne me sens pas prête. Je voudrais retenir la vague déferlante, alors qu'elle m'entraîne déjà loin des rivages connus.

CHAPITRE 55

La traque

El hechal, République dominicaine,
le 30 décembre 2000, 23 h

C ombien de temps le Balsero devra-t-il ainsi se cacher? Il
se sent traqué comme un animal. L'angoisse lui tord le
plexus solaire. La police a mis sa tête à prix. Elle intensifie les
recherches dans la région de Nagua. Les nouvelles que lui
transmet son contact ne sont pas rassurantes. Quelqu'un va
vendre la mèche. Il le sait. Et si la mafia le dénonçait à la
police?

Le pire, c'est que son sort est lié à celui d'Angito. S'il le
dénonce et avoue lui avoir vendu l'arme, il s'accuse lui-même
d'avoir tué le Canadien. Il n'y a pas d'issue. Il doit se taire.

Ses membres endoloris par la peur et la rage contenues, il
ressasse la dernière information que l'autre lui a fournie.
L'épouse du Canadien se cachait bel et bien derrière le rideau,
dans la chambre. Il comprend mieux pourquoi son intuition
le poussait à y aller. La panique lui a fait perdre le contrôle. Il
a non seulement attaqué l'homme et laissé filer la fille, mais
il a aussi ignoré l'autre témoin. Il aurait dû tirer à travers le
rideau. Mais il n'est pas un assassin.

Pourquoi était-il convaincu que le Canadien n'était pas chez lui? Pourquoi pensait-il que la jeune fille était seule avec son mari? Se peut-il que son homme l'ait mal renseigné? Le Balsero s'assoit. Il allume son bout de cigarette, hanté par les images de cette soirée fatidique.

Il a tiré à bout portant sur le Canadien. Il l'a fait, c'est tout. Dès qu'il l'a reconnu, il l'a flingué, par instinct. Un coup de feu, puis un autre dans les airs. Sa vie a basculé.

Le Balsero se lève de sa couche. Le corps tendu, les sens aux aguets, il écoute la nuit. Il voudrait s'enfuir, quitter l'île. Il voudrait ne pas avoir tué. Ce devait être un simple vol. Et maintenant, ils sont là, tout près. Pourchassé comme une proie, il n'a nulle part où aller.

CHAPITRE 56

Châtiée

Vieux-Montréal, le 1er janvier 2001, 7 h

— Mes yeux s'ouvrent sur la nouvelle année et, comme chaque matin, j'ai envie de mourir. Je voudrais ne plus m'éveiller à cette vie qui est désormais la mienne. Arrivé la veille d'Europe, Paul a tenté de dormir avec moi. Je ne reconnais plus l'ami qui m'a tant aidée par sa présence au téléphone. Distant et désemparé, il me répète comme s'il se parlait à lui-même :

— Je ne savais pas que tu aimais tant ton mari.

Le regard rivé aux poutres qui ornent le plafond de mon loft, j'écoute mes pulsions contradictoires qui oscillent entre la force sauvage de faire l'amour à tout prix et le goût de mourir. La rencontre avec la spécialiste en trauma a au moins mis un terme à la culpabilité et à la honte que je ressentais à l'idée d'assouvir ce désir.

— Réaction de survie, besoin de vous sentir vivante, besoin d'exister ! C'est normal, après ce que vous avez vécu.

Je me répète intérieurement ces mots bienveillants.

Paul fixe aussi le plafond en silence. À quoi pense-t-il ? Incapable de lui parler, j'attends qu'il m'aide.

— Tu attends qu'il te sauve, me dit ma voix intérieure.

C'est vrai ! J'attends qu'il me fasse sentir femme à nouveau.

Ma peau appelle sa peau, nos hanches se frôlent, je me tourne vers lui pour l'embrasser. Il y a dans mon geste une avidité telle que son corps, au lieu de m'accueillir, me repousse instinctivement. Cette réponse physique provoque en moi une déchirure.

— Paul, s'il te plaît, prends-moi.

Je suis étonnée de m'entendre le supplier. Le besoin animal l'emporte sur ma retenue habituelle. Le silence se poursuit. Je ne peux plus résister, j'ai besoin de vivre, de jouir comme avant, de prendre et d'être prise. Le corps à mes côtés ne répond pas.

— Prends-moi, Paul, prends-moi !

— Mon ange, j'en suis incapable… Incapable.

Les mots tombent comme un couperet. Mes sens se ferment. Mon corps s'écarte de lui avec brusquerie. De mon bas-ventre monte une brûlure et un cri que je refoule. L'espace où je pensais pouvoir exister vient de m'être refusé. La voix de Paul me parvient à travers un voile.

— Excuse-moi, Marie. Tu sens la peur, tu sens la mort. J'en suis incapable.

Je me sens sale. Une lépreuse ! Exister dans mon sexe, dans ma chair ne m'est pas permis. Vouée à mon sort de veuve, mon corps de femme rejeté, je sombre dans un abîme. Je m'offre à la pulsion de mort. Les fantômes de la honte et de la culpabilité peuvent désormais danser, je leur cède la place.

CHAPITRE 57

Les yeux dans les yeux

Montréal, le 1er janvier 2001, 13 h

Le taxi me dépose devant la résidence pour personnes âgées où habite ma mère. Dehors, le froid hivernal me pique le visage. Mon ventre et mes seins me font encore mal. L'expérience castratrice du matin m'a laissé le goût amer du désespoir. En me dirigeant vers l'ascenseur, je croise des amies d'Émilienne qui m'offrent leurs condoléances. Les nouvelles vont vite quand elles sont publiées à la une des journaux montréalais.

Le bruit de l'ascenseur ravive le souvenir des jours d'avant, quand je lui rendais visite, la joie au cœur. Quelle différence avec l'épave que je suis devenue !

— Respire, me dit ma voix intérieure.

Je me prépare mentalement à retrouver ma mère. Le choc l'a littéralement cassée en deux. Son diaphragme s'est bloqué et, alors qu'elle faisait un geste simple, la vertèbre associée s'est brisée. Le corps d'Émilienne ne ment pas. Je ne l'ai pas revue depuis le 10 décembre, quand nous avons célébré ses 86 ans.

Au neuvième étage, la porte de son logement reste entrouverte, car elle a du mal à bouger. Je me dirige vers le salon.

Comme moi, à sa façon, ma mère est en ruine. Assise dans le canapé, sur une montagne de coussins, elle respire avec difficulté en écoutant l'infirmière qui lui parle. Cette scène me heurte dans tout mon être. Me voici face à l'épreuve de maman.

— Maman, as-tu mal ?

Je regarde l'infirmière. Je me demande quelle est l'intensité de sa souffrance.

— Lui donnez-vous de puissants analgésiques ?

— Aujourd'hui, notre médecin ne travaille pas. Aux urgences, hier, on lui en a prescrit, mais je ne crois pas que cela soit suffisant. Elle peut à peine bouger.

Les yeux pleins d'eau, Émilienne me signale qu'elle souhaite que l'infirmière s'en aille.

— Merci, je n'ai plus besoin d'aide, dit-elle. Ça va passer. Ce n'est rien par rapport à ce que tu vis. Approche.

Sa voix habituellement claire n'est plus la même.

J'aimerais la prendre dans mes bras, la serrer contre moi. Mais elle est intouchable : je peux juste lui prendre la main. Ses yeux bleus fixent à travers la fenêtre le ciel gris du nouvel an. Je voudrais que tout, comme par magie, redevienne comme avant. Émilienne se racle la gorge, prélude à la conversation.

— Toi aussi, tu as perdu ton père.

Étonnant lapsus ! Je choisis de ne pas le relever. Son débit étant lent, j'attends les mots suivants.

— Je voulais dire ton mari. Ces antidouleur m'étourdissent.

Son lapsus me renseigne cependant sur ce qui se trame dans son monde intérieur. L'assassinat de Nataraj la ramène à la mort de son père, un choc au-delà duquel elle n'a jamais pu aller.

— Maman, dis-moi ce que tu ressens.

— À 17 ans, la mort de mon père m'a profondément marquée tout en mettant fin à mes illusions de jeunesse.

Ses mains se resserrent sur la mienne.

— Et maintenant, c'est ton tour. Je n'aurais jamais pensé que cela puisse t'arriver.

Émilienne se tait. Le silence emplit de nouveau la pièce.

— En plus, pour ton mari, c'est un meurtre. Je suis gênée face à mes voisines. Les gens pensent qu'il y a quelque chose de louche.

J'aurais dû y penser. Ma mère a honte face aux autres. Le besoin de paraître a toujours été très fort dans ma famille. Évidemment, être tué n'a pas la même charge sociale que mourir malade. Je n'ose raconter à ma mère les rumeurs selon lesquelles j'aurais fait assassiner mon mari, ou que nous serions mêlés à une affaire de drogue.

— Tu te souviens, je t'avais dit que les hommes nous abandonnent.

Si je m'en souviens ? Ce fut le plus pernicieux refrain maternel de mon enfance. La blessure d'abandon transmise quotidiennement au compte-gouttes.

— Tu vois, ils abandonnent. Une chance que Victor, ton père, ne m'a pas abandonnée.

— Maman ! Nataraj a été assassiné.

— Oui, je comprends, c'est différent. N'empêche que tu es veuve, maintenant.

L'air du salon devient irrespirable. C'est trop. Fuir ma mère. Fuir sa souffrance qu'elle m'injecte dans les veines. Mais comment partir, lorsque je viens d'arriver ?

— Tu es dure.

— Dure ? Je viens d'avoir 86 ans. J'ai failli te perdre, perdre ma petite-fille et mon petit-fils. Ta sœur, la pauvre, a failli perdre ses deux enfants. La mère de Nataraj a perdu son fils, Justin a perdu son père. C'est la vie qui est dure. Pourquoi nous ? Pourquoi ? À ton âge, tu ne retrouveras pas de mari. C'est fini.

Je connais ce venin maternel ! Me boucher les oreilles et ne plus l'entendre. Comme d'habitude, maman vit sa vie à travers moi. J'aimerais lui dire, les yeux dans les yeux : «Maman, ne projette pas ta vie sur moi. Ce n'est pas toi qui as perdu ton mari, c'est moi. Laisse-moi vivre ma vie comme je l'entends. Donne-moi une petite chance. Telle que tu me vois, là, j'ai envie de faire l'amour. Je me sens vivante malgré tout. Quelle force de vie a ta fille ! Et, tu vois, on vient de me dire que je sens la mort. On vient de m'exclure du plaisir de me sentir vivante. Alors, s'il te plaît, n'en rajoute pas. Ne remue pas le couteau dans la plaie !»

Je ravale mes phrases. C'est à mon tour d'être perdue dans mes pensées.

— Observe ta mère, va au-delà de ta blessure, me dit la voix intérieure.

Je plante mon regard dans les yeux bleus de ma mère. La couleur océanique est une porte ouverte sur son âme. J'y vois en même temps la petite fille que porte ma mère et j'y vois la mère qui porte ses filles. Je comprends qu'elle revit sa blessure de jeune fille et qu'elle s'est chargée de la souffrance de ses deux filles. Elle a encaissé le choc et l'onde de choc. Elle s'est brisée.

— Permets-lui d'être mère. Reconnais la mère qui souffre, me dit la voix en moi.

Je lâche prise.

Je dépose délicatement ma tête sur ses frêles genoux. Elle plonge sa main dans mes cheveux et me caresse comme avant. Nos corps respirent spontanément ensemble.

— Je te remercie d'être là. Ce n'est pas le moment de partir, j'ai besoin de toi.

— Tu crois? me dit-elle d'une voix fêlée par une vague de pleurs.

Cela fait des siècles que j'ai vu ma mère pleurer.

CHAPITRE 58

Errance

Saint-Henri, Montréal, le 2 janvier 2001, 2 h

Le quartier que j'habite me permet de vivre de manière effacée. La nuit, je longe ses rues inanimées, parcours ses chemins empestant la rouille et la poussière, et je croise ses chats, errant comme moi. Je crois qu'il fait froid, mais mon sang, lui, est toujours chaud.

Sans vivre dans la fuite, j'évite. J'évite le regard de ceux qui m'aiment, de ceux qui me pleurent silencieusement. Je ne peux affronter cette douleur ni le regard déconcerté de ma mère. Je repousse ses interrogations. Je méprise ses caresses chargées de peine et de peur, puis je me méprise avec encore plus de violence. Incapable de jouer le rôle de l'enfant qu'il faut protéger, consoler, je l'empêche de jouer son rôle de mère, je suis vraiment dégueulasse.

Je marche sans but dans la nuit, accompagnée par les étoiles, réconfortée par le bruit du courant du canal Lachine. Ici, je ne croise personne, sauf l'esprit du quartier Saint-Henri, avec tous ses lieux abandonnés, son écho singulier. Ses fils électriques et ses transformateurs tissent la toile de mon chemin. J'erre, passant et repassant sur mes pas, tentant de me retrouver. Dans mon walkman, j'écoute Neil Young, le ton de sa voix porte cette sensibilité, humanité à laquelle j'adhère, sans pouvoir la décrire.

Un vent d'ouest se lève, des pages de journaux s'envolent et semblent animer la rue Notre-Dame éteinte. Ces feuillets dansent sur le trottoir, comme si leurs mouvements étaient chorégraphiés. Je leur souris, je les évite. Je vois autrement, j'ai l'impression d'avoir reçu de nouveaux sens que j'apprivoise en silence.

CHAPITRE 59

Le magma

Montréal, le 4 janvier 2001, 14 h

— Mes condoléances, mes sincères condoléances.

La litanie se répète comme un chapelet. Je regrette d'être venue me jeter dans le carcan de cette cérémonie funéraire. Après avoir serré des mains et salué quantité de gens, le prêtre se dirige vers l'autel. Nous pouvons enfin nous asseoir.

J'occupe la place protocolaire de l'épouse, au premier rang, à côté de Justin et de la famille de Nataraj. C'est la première fois que je vois sa famille depuis le drame. Leur colère est palpable. Il est vrai que, depuis mon retour, j'agis comme une étrangère. Je n'ai pas ramené le corps de leur fils et je ne leur ai même pas rendu visite pour leur raconter les événements. Pourquoi les ai-je fuis ? Avais-je peur de leurs accusations ?

Sur le petit autel funéraire repose une grande photo de Nataraj souriant, prise lors de notre voyage au Pérou.

C'est la seconde cérémonie funéraire. Les images de la folle de douleur au cimetière d'Abreu se succèdent à un rythme fou dans mon cerveau. Là-bas, j'étais tachée de son sang. Ici, je suis bien mise et vêtue de noir, comme il sied aux veuves. Mais, sous mon costume d'apparat, je n'ai plus de peau. Je suis écorchée vive.

La messe suit son cours. Comme un automate, je me conforme aux rituels : à genoux, debout, assise. Puis, c'est la fin. Derrière un rideau de larmes, j'informe Justin que je ne me sens pas bien et que je vais partir. Ma grande sœur Christine me parle. Je sens qu'elle essaie de me protéger, mais de quoi ? Je crois comprendre qu'il faut que je m'écarte du banc. Trop tard, je suis happée par la foule de gens qui veulent m'embrasser, me dire des mots d'amour, me raconter leur effroi, partager avec moi leur vision sur le combat de l'ombre et de la lumière.

Un guérisseur assassiné ? Toutes les spéculations, toutes les raisons pour tenter de donner un sens à ce qui n'en a pas. Ils sont nombreux à l'avoir vu apparaître dans leurs rêves, leurs méditations, ou au pied de leur lit. L'église contient 500 personnes, élèves, guérisseurs, amis, connaissances, venus d'Ottawa, Québec et Montréal.

Mouillée par les eaux lacrymales et les écoulements nasaux de ceux qui m'étreignent, je ne sais plus qui je suis. Mes oreilles, pas plus que mon cerveau, n'arrivent à enregistrer ce que l'on me raconte. Ouverte, sans défense face à cette foule remplie de bonnes intentions qui me regarde en victime. Je me sens vampirisée. Je chancelle sous l'assaut de leur inconscient collectif chargé de souffrance.

Je m'agrippe à un banc d'église pour ne pas couler dans ce magma.

CHAPITRE 60

Torturé

Prison de Saint-Domingue, République dominicaine, le 6 janvier 2001, 20 h

Depuis combien de temps le Balsero a-t-il perdu conscience? La soif l'étrangle, mais il n'a que son sang à boire. Maintenu debout, pendu par les bras, sans nourriture et sans eau, le visage tuméfié, les épaules écartelées, les genoux lacérés, il n'est plus qu'une loque offerte à ses agresseurs. Depuis combien de jours le cachent-ils dans une cellule de la prison de Saint-Domingue? Des hommes l'insultent, le frappent et tentent de lui faire avouer qu'il a tué le général Beauchamp. Qui sont ces hommes?

Le Balsero n'a pas tué le militaire. Il le sait. Il peut juste avouer que, deux ans auparavant, il a volé l'arme du crime à un certain Peter, un Allemand qui habitait le complexe touristique de Los Peñascos. Il leur a dit cela dès le début. Mais les hommes continuent de le harceler avec sadisme. Le Balsero, dans sa confusion, tente de comprendre ce qu'ils veulent.

— *No hay matado el general.*

Je n'ai pas tué le général, affirme-t-il haut et fort. Il dit avoir déjà eu cette arme en sa possession, mais que quelqu'un

la lui a volée. Le Balsero ment et ces sauvages savent qu'il dis-
simule quelque chose, mais ce n'est pas ce qu'ils pensent.
Choqué, perdu, affaibli par la souffrance physique et psychique,
le Balsero sent qu'il va mourir. Ils vont le tuer. Une voix
d'homme lui parvient en écho à la sienne.

— *Hombre!* Cela fait trois jours qu'on te retient ainsi. Tu es
fort. Mais crois-tu que tu vas nous résister?

La phrase est accompagnée de coups sur la tête, la nuque
et le ventre. Personne ne l'interroge sur le Canadien. Ce qu'ils
cherchent, c'est le meurtrier de Beauchamp et la provenance
de l'arme. Le Balsero est fort, assez fort pour ne pas avouer un
crime qu'il n'a pas commis. S'il le fait, sa vie est finie. Mais ne
l'est-elle pas déjà?

CHAPITRE 61

Et s'il y avait un sens ?

Notre-Dame-de-Grâce, Montréal,
le 14 janvier 2001, 14 h

*J*e suis dans cet autobus qui traverse Montréal d'est en ouest, à la fois inquiète et excitée. Je vais à la rencontre d'un homme qui peut m'aider à comprendre le sens de ce que je vis depuis le décès de Nataraj. Éveillée, je fonctionne, mais la nuit je rencontre en rêve ce que je redoute le plus : des hommes armés. Je deviens folle, je dois constamment me cacher, et toujours je suis coupable, tenue responsable pour la mort d'un homme. Cette charge me suit le jour. J'ai demandé à rencontrer Nicolas Bornemisza, thérapeute jungien et ami très cher de Marie Lise. Que va-t-il découvrir en examinant mes images intérieures et mes terreurs nocturnes, en s'infiltrant dans mon inconscient ?

Je me mords la lèvre inférieure, elle se met à saigner ; je n'aime pas les ascenseurs. Les portes s'ouvrent, je passe par un couloir fenêtré et un petit salon que personne ne semble utiliser. Puis je regarde les numéros d'appartement, j'accélère. Je ne marche pas, je vole. Je m'arrête devant la porte du thérapeute et je sonne. Un grand homme m'ouvre. Derrière ses verres épais, un regard doux mais profond m'impressionne. Sa voix est apaisante. Je m'assois dans le salon où il reçoit ses patients, sans toutefois avoir l'impression d'en être une. La pièce est sombre, je m'y retrouve. Des meubles en bois, de grandes plantes, Nicolas et moi.

— Alors, Julie, racontez-moi ce qui vous amène ici.

— La nuit dernière, comme presque toutes les nuits, j'ai assassiné un homme en rêve... Cet homme était bon et respecté. Alors qu'il a disparu et que tous recherchent sa dépouille, je commence à me sentir coupable, de plus en plus, c'est exponentiel, foudroyant, et si... réel. Je le cherche comme les autres, jusqu'à ce que je commence à me rappeler des choses. Je ne sais pas comment, ni pourquoi, mais je sais que j'ai agi en état de légitime défense... Mais je sais tout aussi fermement que je suis responsable de sa disparition. Puis, dès que je suis prête à accepter ma responsabilité, un homme apparaît. C'est un détective, petit et très maigre. Ses yeux gris, d'une transparence profonde, m'incriminent instantanément. Il m'interroge, me suit et apparaît à tout moment. Il sait, et je sais qu'il sait. Il sait aussi que je sais qu'il sait. Nous savons seulement que le disparu est enterré quelque part, mais le détective est incapable de prouver quoi que ce soit. Et moi, comme je ne me rappelle plus le comment et le pourquoi, je ne peux lui donner aucune information. Tout est dans ce regard clair et profond, dans la vérité ; il est ma conscience. Et la vérité, c'est que je suis coupable ; que sans l'avoir fait, je l'ai fait.

Nicolas m'écoute, je lui raconte tous mes rêves et ma nouvelle habitude de sursauter dès que j'entends le bruit d'un impact. Il note, m'écoute, me rassure. Cette culpabilité, je me l'inflige. Puis Nicolas me dit :

— Jung dit : «Ma culpabilité est mon plus grand trésor.» Alors, Julie, en faisant face à vos émotions les plus étouffantes, vous vous donnez une chance de les intégrer pleinement et de les dépasser.

Je lui raconte ensuite les prémonitions que nous avons eues, Marie, Nataraj et moi.

— Nicolas, croyez-vous que ces prémonitions soient réelles ? Qu'il n'y ait ni hasard ni coïncidences, que tout soit prédestiné ? Ou est-ce que je les vois seulement pour tenter d'expliquer l'inexplicable, pour me protéger de cette culpabilité ? Ne serait-ce qu'un moyen de survie ?

Il expire profondément.

— Julie, vous rendez-vous compte que vous vous donnez déjà les pistes à suivre ? Poser la bonne question est déjà le début d'un processus de guérison.

CHAPITRE 62

Les droits de l'homme

Saint-Domingue, République dominicaine,
le 10 janvier 2001

— Mon client a été attaché, torturé physiquement et psychiquement, laissé sans eau, sans nourriture, sans sommeil durant trois jours !

Révolté, Maître Nuez raconte au téléphone, à un journaliste du magazine dominicain *Ahora*, les sévices subis par le Balsero.

— Huit jours de détention au quartier général des crimes et homicides de Saint-Domingue, sans contact avec le monde extérieur ! C'est inacceptable.

Nerveux, l'avocat du Balsero écoute les questions du journaliste. Il faut qu'il obtienne cet article.

— J'ai dénoncé ces illégalités à la Ligue des Droits de l'Homme. Je leur ai même transmis les noms des policiers qui mènent l'enquête sur l'assassinat du général Beauchamp et qui ont torturé mon client.

Malgré la climatisation, des gouttes de sueur perlent sur le front de l'avocat. La partie n'est pas encore gagnée. Le chroniqueur va-t-il accepter d'écrire sur cette affaire ?

— Non, *señor* Fortunato, mon client n'est pas accusé du meurtre du général. La seule information qu'ils lui ont fait avouer, c'est qu'il s'est fait voler l'arme du crime.

Maître Nuez a mal à la tête. Qu'est-ce qui se trame derrière la violence des policiers ? On ne torture pas un homme pour des déplacements clandestins et pour des larcins commis à droite et à gauche. Non, la vérité n'a pas encore éclaté au grand jour. Quelle surprise l'attend encore ?

— Le neuf millimètres est l'arme du crime, mais mon client n'a pas tué l'ancien général.

L'avocat joue avec un coupe-papier.

— *Por favor, señor Fortunato*, vous devez dénoncer publiquement ce que subit mon client le Balsero.

Le journaliste continue de poser des questions, mais l'avocat ne veut pas trop en dire.

— Mon client est toujours en détention. Il a eu droit à la visite de sa famille qui ne l'a pas reconnu. Il souffre même de pertes de mémoire à cause des coups reçus sur la tête.

Maître Nuez écoute attentivement le journaliste.

— Non, vous ne pouvez pas interviewer mon client. Venez me retrouver, je vais tout vous raconter. Je vous donnerai des noms, je n'ai pas peur de la police.

Nuez raccroche le téléphone. Cette histoire est louche. Son client est loin d'être un saint, mais de là à tuer un ex-général, ancien ami du dictateur Trujillo ! Le Balsero n'est pas fou. Il ne se jetterait pas dans la gueule du loup.

CHAPITRE 63

Le grand plan

Playa Grande, République dominicaine,
le 12 janvier 2001, 11 h

Devant moi, les surfeurs sur leur planche attendent le
bon rouleau. Les vagues hivernales de l'Atlantique sont
gigantesques et forment à mes pieds un grand tapis d'écume
blanche. Le bouillonnement éclatant contraste avec le bleu
pur de l'horizon. Des touristes déambulent sur la plage. Ils
sont là pour connaître les joies de l'été en hiver. La peau rose
homard, ils sourient à ce moment de farniente.

Cet état de contemplation extérieure me fait rencontrer le
tsunami intérieur qui m'a avalée depuis deux semaines. Le
choc s'éloigne, je suis entrée dans son onde. Les états de submergement émotionnel composent mon quotidien. Ils ravi-
vent une blessure d'abandon, plus vaste que celle liée
uniquement au brusque départ de Nataraj, et réveillent ma
culpabilité de vivre, écho à mon vécu intra-utérin.

Jamais deux sans trois… Cette loi des synchronicités m'a
interpellée la nuit du meurtre. Jamais deux sans trois… J'ai eu
peur qu'un troisième événement me heurte de plein fouet.
Mais je n'ai plus à redouter ce troisième drame. La vie m'a déjà

envoyé ces trois épreuves : la mort de mon frère jumeau, la maladie incurable, le décès de Nataraj. M'en réserve-t-elle d'autres ? Je ne sais pas. C'est l'inconnu. Ce que je sais, c'est que j'ai envie de me préparer à vivre différemment.

Les vagues viennent lécher ma chaise qui s'enfonce de quelques centimètres dans le sable mouillé. Cette sensation d'enfoncement me ramène à une question essentielle. Vais-je me laisser engloutir par le sable ou vais-je changer de position intérieure ? J'entraperçois ce qui se cache derrière l'épreuve. La vie, dans sa profonde sagesse, me donne l'occasion de réparer ce que je n'ai pas encore guéri dans mes cellules : la mort de mon frère jumeau.

L'être que j'aimais m'a été arraché pendant la nuit, pendant que je vivais une forme d'endormissement. Et j'en suis sortie survivante. N'est-ce pas ce que j'ai vécu après trois mois de vie intra-utérine ? Le lien est là. Je porte la clé de cette épreuve tout en en faisant partie intégrante.

Nataraj est parti dans la violence. Pour quelles raisons ? C'est un mystère. J'ai beau analyser les prémonitions, les paroles prononcées, les ultimes confidences, les enseignements légués à mon neveu et à ma nièce… J'ai beau me mettre à sa place, si tant est qu'on puisse se mettre à la place de quelqu'un, je n'y comprends rien. Alors, je lâche prise. Il est évident que Julie, Nataraj et moi, ainsi que tous ceux qui ont été impliqués dans ce drame, sont les acteurs d'une œuvre plus vaste qu'eux-mêmes, dans un grand plan.

Épuisés d'avoir défié les vagues hivernales, des surfeurs quittent la plage. Ils me saluent en passant. Derrière mes lunettes fumées, je leur souris. Où est mon bonheur ? Il est là, dans ce moment de solitude. Ce moment où j'observe ma terre affective dévastée en prenant la décision et la responsabilité de vivre.

Au loin, d'autres surfeurs font des culbutes avec leur planche dans les vagues. La réponse est là, sous mes yeux, dans ce spectacle qui s'offre à moi : comme eux, j'expérimente la chute libre. Dans cette chute surgissent de grands questionnements qui s'opposent, se complètent ou se télescopent en moi : vivre comme avant, retenir le passé, me sentir victime, être condamnée au rôle de la veuve, mourir à ce que j'ai été, mourir pour renaître.

Ma respiration se fait plus légère. Les embruns mouillent mon visage marqué par le deuil. Je ne dois pas avoir peur de chuter, de tomber des contreforts de ma vie passée. Rien ne sera plus pareil en moi ni autour de moi. À quoi bon tenter de se raccrocher ?

J'ai déjà expérimenté le processus lorsque je me suis guérie de ma maladie dite incurable. J'ai alors accepté de changer de fond en comble : je suis morte à moi-même, en quelque sorte. À cette époque, j'étais jeune et prête à tout pour ne pas être condamnée à la chaise roulante. Je suis désormais plus âgée et le handicap, au lieu d'être physique, est psychique. Il est donc plus sournois et moins concret que la douleur physique.

Comme il y a 20 ans, je ne sais pas si je vais guérir de ce traumatisme, mais je suis prête à tenter l'expérience de chuter pour renaître.

CHAPITRE 64

À 80 pour cent

Saint-Domingue, République dominicaine,
le 19 février 2001, 13 h

S aint-Domingue transpire l'humidité de la jungle. Accompagnée de mon père, je parcours les corridors de l'aéroport. On nous attend, des officiers armés doivent nous amener au quartier général de la police. Dans leur voiture, je regarde la ville défiler par les vitres blindées. Il y a moins de deux mois, dans une autre vie déjà, on me conduisait sur cette même route. J'étais avec Marie Lise et Nataraj à bord de leur camionnette usée par le vent, usée par le sel. Nous allions acheter un nouveau four, assez puissant pour cuire notre dinde de Noël. Marie m'avait aussi offert de jolies savates noires que nous avions choisies ensemble, ici. Nous cuisions littéralement, fenêtres ouvertes dans la canicule de la capitale dominicaine.

Je frissonne en regardant mon père. Silencieux, il se laisse porter par les événements dans cette grande ville, ce pays qu'il voit pour la première fois. Lorsque j'ai accepté de venir identifier le meurtrier, il m'a dit qu'il viendrait avec moi, qu'il ne pourrait me laisser partir seule. Sa présence me rassure, mais derrière son calme admirable, je sens son inquiétude. On attend de moi que je sois justicière, mais ai-je ce pouvoir ? Puis-je assumer ce rôle ? Pas après ce que Nataraj m'a enseigné, pas en respectant sa philosophie, son pacifisme. Je doute qu'il demande vengeance, où il est en ce moment. Je doute qu'il veuille envoyer un homme se repentir dans un trou comme celui que j'ai vu à Nagua lors de mon interrogatoire. Et si tous ces événements étaient inscrits dans l'ordre des choses, s'il y avait une destinée?

La voiture s'arrête dans un stationnement. Les officiers descendent et nous ouvrent les portières. Devant nous, un grand immeuble blanc, flanqué d'un escalier étroit que nous gravissons. À l'étage, des portes vertes se succèdent, gardées par des hommes armés. On entre dans une pièce où d'autres officiers nous attendaient. La lumière est tamisée. Cette fois, les suspects seront derrière une vitre teintée.

Un homme m'indique de m'asseoir sur une chaise devant la fenêtre, un autre m'assure que je resterai invisible en tout temps. Un ami de Nataraj est là aussi. Il me salue et salue mon père. Il nous parle de l'enquête et du Balsero, il est persuadé qu'il est coupable, tout le désigne clairement. Mon père me conseille de bien regarder, de prendre mon temps. Les suspects commencent à défiler, je retiens le troisième. L'accusé se rapproche de la fenêtre, je suis face à lui. Je suis incapable de l'identifier formellement. Je sais que tous attendent de moi que j'incrimine cet homme, mais, quand je regarde dans ses yeux, je vois un homme comme les autres. Je ne ressens aucun sentiment de vengeance ou de colère, seulement la tristesse humaine. Je suis la seule personne qui l'a vu dans la nuit, je dois rendre justice, mais pour qui, comment? J'hésite. Une partie de moi me tient responsable de ne pas avoir su m'y prendre avec lui, le dissuader, lui expliquer, le convaincre de nous laisser en paix. Je suis aussi coupable que lui, lui que j'ai d'abord cru être un ami, qui m'a prise en otage, qui a déclenché le drame, l'horreur. Peut-être sommes-nous tous coupables, dans une certaine mesure.

— Je crois que c'est lui, mais, vous savez, je l'ai vu dans la pénombre, et tout s'est passé si rapidement.

— En pourcentage, quel est votre degré de certitude ?

— Quatre-vingts pour cent.

Quatre-vingts pour cent, c'est beaucoup, mais pas assez, je crois, enfin, j'espère. Je ne sais plus. On me remercie. Je signe ma déposition et nous quittons les lieux. Sur le chemin de l'aéroport, les officiers nous font nous arrêter à un stand sur le bord de la route pour goûter le meilleur café du pays. Tous semblent détendus, à l'exception de mon père à qui je ne peux cacher mes incertitudes, mon sentiment de culpabilité.

CHAPITRE 65

L'océan d'amour

Bruxelles, le 27 février 2001, 19 h 30

Chaque jour, j'ai rendez-vous avec moi-même pour libérer le trop-plein du deuil. Cette heure que je me consacre me permet de me libérer du submergement émotionnel et de poursuivre dans une sérénité relative ma tournée de conférences. Aujourd'hui, 250 personnes attendent, assises devant moi.

— Je tiens à vous dire que je viens de perdre mon mari. Il se peut que, pendant la conférence, des vagues de tristesse montent en moi. Je vous remercie de m'accueillir telle que je suis.

Au fur et à mesure que la soirée avance, je sens une vague d'amour émaner du public. Je sais que je suis à ma place dans ce partage. Le fait d'avouer ma vulnérabilité nous a donné un espace intime pour nous rencontrer. Ensemble, nous voguons sur un océan d'amour.

— Nous ne sommes pas des victimes. Lorsque la maladie nous donne un rendez-vous, nous sommes appelés à explorer des dimensions cachées de la vie que nous menions auparavant sans nous questionner. La maladie nous éveille à des dimensions inconscientes desquelles nous nous sommes protégés, de peur de confronter en nous des réalités douloureuses. Ce sont cependant ces mêmes réalités qui peuvent nous révéler à nous-mêmes.

Je viens de terminer ma conférence. Le silence est palpable. Mes auditeurs intègrent les idées qui sous-tendent mes propos.

— Continuons par une période de questions. Quelqu'un veut-il commencer?

— Madame Labonté, comment vivez-vous ce traumatisme violent, l'assassinat de votre mari?

Je sens d'emblée que cet homme est respectueux et bien intentionné.

— Je suis comme vous. J'ai des outils et je les utilise. Et, dans chaque drame, le plus grand outil, c'est vous, c'est moi. J'accepte l'invitation à grandir, à quitter les sentiers battus pour oser aller explorer des dimensions non guéries, non libérées de mon être profond. Je ne sais pas si je vais réussir. Lorsque je vis des soirées comme celle-ci, l'amour que vous me portez et que je vous porte me guérit.

CHAPITRE 66

La justice des hommes

Paris, le 28 février 2001, 18 h

— Ici monsieur Forget de l'ambassade du Canada à Saint-Domingue.

Surprise par cet appel, ma poitrine se resserre. Qu'est-ce qu'il va m'annoncer?

— Votre nièce Julie Côté vient d'identifier le meurtrier de votre mari. Nous vous conseillons de prendre un avocat pour entamer les poursuites judiciaires en vue d'un procès. Avez-vous un avocat à Saint-Domingue?

— Oui, j'ai un avocat. Par contre, je n'engagerai aucun procès, ni contre cet homme ni contre sa famille.

— Madame Labonté, vous devez poursuivre le meurtrier de votre mari.

— Non, il est hors de question que j'agisse ainsi, et ce, pour plusieurs raisons.

— Excusez-moi, mais je dois comprendre.

— Il n'y a pas grand-chose à comprendre, monsieur. Ma nièce vit à Montréal. Je ne veux pas l'impliquer dans un procès en République dominicaine qui pourrait réactiver le choc qu'elle a subi. De plus, je suis une étrangère dans ce pays et vous savez fort bien que j'ai peu de chances de gagner un procès. Vous connaissez ce pays, mon cher monsieur.

La gorge serrée, la voix fatiguée, j'attends sa réponse.

— Madame, je ne comprends pas votre attitude.

— Monsieur, mon mari et moi n'avons jamais cru à la justice des hommes. Nous croyons qu'il existe un plan beaucoup plus vaste qui nous relie tous dans un même événement.

— De quelle religion êtes-vous ?

— D'aucune. Ce n'est pas de cela que je vous parle. Je suis en train de vous expliquer qu'il n'y aura pas de procès, car nous ne croyons pas dans le fait d'accuser quelqu'un.

— Et qu'en pense la famille de votre mari ?

— Je suis son épouse, je choisis.

Le silence à l'autre bout du fil me porte à croire que mon interlocuteur est perplexe.

— Écoutez, madame Labonté, vous devez nous envoyer par courrier recommandé une lettre expliquant que, en raison de vos croyances religieuses, vous choisissez de ne pas poursuivre cet homme et que vous libérez l'ambassade du Canada de toutes responsabilités à la suite de ce choix.

— Ce ne sont pas des croyances religieuses !

— Alors trouvez une façon de formuler la chose, j'ai besoin de ce papier. Merci, madame Labonté. Comprenez que c'est urgent !

La communication est coupée brutalement, mon interlocuteur doit être décontenancé. Qu'y a-t-il de mal à appliquer les valeurs fondamentales que Nataraj et moi vivions en pleine conscience ? N'ai-je pas le droit de respecter ce qui est primordial pour nous ? Pourquoi nourrir la haine pour contenter la société ?

Aller à l'encontre de mes valeurs me rendrait malade. Je le sais. J'ai passé des années à me mentir à moi-même et j'en suis tombée gravement malade. En ce moment, j'ai besoin de toutes mes forces intérieures et de mon authenticité pour surmonter cette épreuve.

Une feuille de papier sous les yeux et une plume à la main, j'écris contre la justice des hommes à l'ambassade du Canada.

Il existe une autre façon de voir, qui est de voir avec l'union conciente des deux hémisphères, de voir à la fois le contenu et le contenant, l'intérieur et l'extérieur. Cette autre façon de voir est une autre façon de vivre. C'est dans cette vision de la vie, des autres et de nous-mêmes que nous pouvons permettre à notre âme de se réaliser. C'est ainsi, en touchant à l'éternité, que nous pouvons porter le mystère de l'existence[23].

23. *Le choix de vivre* et *Le point de rupture, op. cit.*

CHAPITRE 67

Derrière mes casseroles

Montréal, le 27 janvier 1990, 22 h

De la cuisine, je regarde l'homme debout dans mon salon. Je me prépare à lui avouer qu'il est une de mes âmes sœurs. La phrase tourne dans ma tête depuis le début du repas. À l'heure de laver les casseroles, je dois me décider à parler.

Dehors, c'est le froid montréalais. Il fait 20 degrés en dessous de zéro. La verrière du salon est recouverte de givre. Mon cœur, lui, est chaud. Je suis encore habitée par l'énergie que j'ai ressentie lorsque j'ai vu Robert à La Palmera Royal en novembre dernier. Elle est même de plus en plus forte. Pourquoi ne pas m'avouer que je l'attends depuis deux mois ?

Il entretient le feu de cheminée et je le contemple. Grand, cheveux blonds, corps élancé, faciès atypique, ce qui lui donne une beauté sauvage. Étrangement, ce n'est pas mon type d'homme habituel. L'attraction sexuelle est d'ailleurs mystérieusement reléguée à un autre plan. David, l'autre homme qui est dans ma vie, correspond, lui, en tous points, à mon type : brun, pas très grand, lèvres sensuelles, très beau physique, de style plutôt latin, quoique très québécois.

Assurément, c'est l'âme en Robert qui m'appelle. Sans le connaître, j'ai l'impression de le reconnaître et de l'attendre depuis si longtemps. Ces songes où une voix me demandait d'aller à sa rencontre étaient-ils prémonitoires ?

— Tu sais, Marie Lise, j'ai l'impression que toi et moi sommes des âmes sœurs.

Le chaudron que je m'apprête à essuyer me tombe des mains dans un bruit fracassant. Le sang me monte au visage.

— Comment le sais-tu ?

— En Inde, pendant un mois, j'ai beaucoup réfléchi aux moments que nous avons passés ensemble en République dominicaine, ainsi qu'à notre première rencontre à Sosua, où tu étais venue si spontanément me parler de ton rêve récurrent.

Robert fait une pause pour inspirer.

— Je reconnais que la vibration qui émane de toi m'attire au plus profond de mon âme. C'est drôle, car tu n'es pas du tout mon type de femme.

Sait-il que je pense la même chose ?

— J'ai l'impression que nous avons quelque chose à accomplir ensemble.

Mon ego de femme est flatté d'être ainsi reconnu. À Sosua, je m'étais sentie ridicule de lui avoir raconté mon rêve, puis à La Palmera Royal, de l'avoir invité à venir enseigner le Reiki à Montréal. Ces comportements ne me ressemblaient pas. Les phrases s'étaient enchaînées presque malgré moi.

Mes pensées circulent à la vitesse de la lumière et j'ai du mal à croire ce qu'il me raconte.

— En Inde, on m'a invité à aller enseigner le Reiki en Australie, en Nouvelle-Zélande, à Hawaii. Chaque fois, c'est ta vibration qui revenait. J'ai donc décidé d'accepter ton invitation. J'avais besoin de vérifier si ce que je ressentais envers toi était toujours aussi fort.

Robert fait une seconde pause. Ma poitrine veut éclater sous les battements fous de mon cœur. Je sais qu'il n'a pas fini de parler. J'attends.

— Eh bien, c'est toujours présent, et même plus fort que tout ce que j'ai connu jusqu'à maintenant. La voix de ton rêve disait vrai, nous allons ensemble créer quelque chose de puissant autour de la guérison.

Il passe derrière le comptoir de ma cuisine américaine où, figée, j'ai les mains dans l'évier. Il les retire de l'eau et me tend une serviette pour que je les essuie. Comme un automate, j'effectue le geste. Ses bras m'enveloppent. Cœur contre cœur, nous respirons.

— Tu vois comme ta recette de crevettes au Pernod est efficace !

J'éclate de rire. Des larmes de joie coulent sur mes joues. Ses lèvres viennent pour essuyer mes joues, elles tentent de rejoindre les miennes. Je le repousse gentiment.

— Robert ou Nataraj ? Je ne sais jamais comment t'appeler.

— Je préfère que tu utilises le nom spirituel que m'a donné mon maître en Inde.

— Nataraj, j'ai quelqu'un d'autre dans ma vie. Il s'appelle David.

CHAPITRE 68

Si Dieu le veut

Prison de Saint-Domingue, République dominicaine,
le 20 février 2001, 23 h

Il est bel et bien en prison dans l'attente de son procès. La
fille l'a reconnu. Sa vie est finie. Il savait bien que la lune
de décembre allait lui porter malheur. L'homme tourne en
rond dans une minuscule cellule. Il en émane une odeur
presque intolérable. Tandis que les juges sont en train
de décider de son sort, il voudrait défoncer les murs et
s'enfuir.

Des images d'océan, de voyages vers Porto Rico où il
conduisait des Dominicains, acheteurs du rêve américain, circulent en boucle dans sa tête. La liberté, voilà le rêve qu'il va
désormais chérir. Partout où il pose les yeux, ce ne sont que
murs sales et barreaux. Comment va-t-il tenir ? Il aurait mieux
valu mourir, battu par ces chiens de policiers qui l'accusaient
de la mort du général. Mourir pour en finir avec cette vie de
petit bandit.

Il n'est pas un meurtrier. Il le dira. Lui seul sait qu'il ne
voulait pas tuer. Mais il a pourtant tué.

— *Coño*, lance-t-il à voix basse.

Oui, c'est lui l'imbécile qui a eu ce réflexe qui va lui coûter la vie. Ce soir, le Balsero n'a plus d'espoir. Que lui reste-t-il ? N'a-t-il pas toujours combattu ? Il a gagné son bout de bonheur, sa petite maison sur le bord de la route nationale. Il a réussi à se marier avec une femme trop belle pour lui. Il ne doit pas se laisser abattre. En regardant à travers les barreaux, il tente d'apercevoir un peu de la nuit étoilée.

— Si Dieu le veut, je vais sortir d'ici.

Si Dios quiere! Cette phrase que les Dominicains répètent sans cesse, combien de fois l'a-t-il lui-même utilisée ? Ce soir, elle résonne d'un tout autre sens.

CHAPITRE 69

Wild is the wind

Bruxelles, le 24 février 2001, 21h

E n silence, je contemple les flammes de la cheminée qui semblent animer la statue en bronze de Nataraj, placée bien en évidence. Nataraj, le nom spirituel de mon mari est une des représentations de Shiva, le danseur cosmique.

— Tu sais, Louis, Shiva est le dieu de la destruction des illusions et de l'ignorance. Nataraj, le danseur cosmique, rythme le mouvement de la fin de l'univers et amorce un nouveau cycle.

En décrivant la symbolique de la statue à mon ami psy, j'ai l'impression de retrouver une part de mystère, un morceau de l'âme de Nataraj.

— Il portait bien son nom.

Pensive, je suis fascinée par les bras de la statue et le cercle de flammes qui l'entoure.

— En effet, sa mort a entraîné la destruction et je n'en mesure pas encore la portée. Te souviens-tu que, avant le meurtre, je t'ai raconté que je croyais que c'était moi qui allais mourir? Ma prémonition était juste, sauf que ma mort n'est pas physique.

Louis me regarde attentivement.

— Tu es toujours là, bien vivante. Le séminaire que nous avons donné aujourd'hui était magnifique. Tu étais habitée d'une force qui nous guidait vers l'essentiel. Si c'est cela, mourir, moi, je le veux bien.

Je souris à ses propos.

— Réalises-tu que cela fait deux mois, jour pour jour, qu'il a quitté la terre? C'est certainement mon inconscient qui, pour marquer la date anniversaire, m'a poussée à chercher cette statue.

— Tu es ma sorcière bien-aimée. Tu l'as trouvée en un clin d'œil, guidée par ton intuition.

— Oui! Dans une rue marchande de Bruxelles où tu m'as emmenée. Disons que tu m'as aidée, non?

Assis près de la cheminée, nous nous reposons de l'animation conjointe du séminaire sur le corps et les armures, langage de notre inconscient. La journée fut intense. Il y a eu de belles libérations émotionnelles.

Mon ami mélomane se lève en quête de musique. La voix profonde de David Bowie emplit la pièce, accompagnée de la voix de Louis:

Love me, love me, love me, love me, say you do
Let me fly away with you
For my love is like the wind
And wild is the wind.

(Aime-moi, aime-moi, dis-moi que tu m'aimes
Permets-moi de m'envoler avec toi
Mon amour est comme le vent
Sauvage est le vent.)

Je me sens animée d'un feu intérieur. Ma chanson préférée de Bowie inspire Louis qui se met à danser. La musique
prend de l'ampleur, les notes s'ouvrent tout comme mon
cœur.

> *You touch me, I hear the sound of mandolins.*
> (Tu me touches, j'entends le son des mandolines.)

C'est à mon tour de chanter ces paroles porteuses de sens.
Mon corps réagit à cette force de vie. Je me lève pour onduler
au son de cette musique lancinante. Autour de la statue, Louis
et moi dansons.

> *You kiss me*
> *With your kiss my life begins.*

> (Tu m'embrasses
> Avec ton baiser ma vie débute.)

Comme c'est bon de chanter, de danser. J'offre mon chant
à Nataraj avec la forte impression de ritualiser un passage
important. Je salue en moi la vie. C'est la première fois que je
danse depuis le 23 décembre.

CHAPITRE 70

La lingère

Île Saint-Louis, Paris, le 5 mars 2001, 14 h

Comme chaque lundi, je suis libre. J'ai choisi depuis des années de vivre ma vie à l'envers des autres. Ma profession me le permet. Je travaille les week-ends et je me repose en début de semaine. Je sais depuis longtemps que c'est une façon de me rapprocher de mon père qui vivait au même rythme. En déambulant dans la rue Saint-Louis-en-l'Île, mes pensées s'arrêtent sur ce papa que je n'ai découvert que tard dans ma vie. J'aimerais tant marcher avec lui dans le cadre enchanteur de cette île, en plein cœur de Paris.

Je salue en passant la fleuriste et j'arrive enfin chez la vendeuse de lingerie. Acheter des sous-vêtements est devenu un de mes passe-temps favoris depuis la mort de Nataraj. Depuis que Paul a rejeté mon corps, j'ai l'impression que la sexualité m'est refusée. J'ai donc besoin de me reconnecter à ma féminité en collectionnant les dessous en soie et en satin. Étonnée de me voir sans mari, la propriétaire de la boutique a, petit à petit, découvert mon histoire.

Devant la porte fermée, je constate que, malgré l'heure exacte sonnée par les cloches de l'église Saint-Louis-en-l'Île, madame Pinot n'est pas au rendez-vous habituel. Au même moment, mon cellulaire résonne. L'afficheur indique un numéro étranger.

— Allô !

— Marie Lise ? Monsieur Laroche à l'appareil.

Je suis étonnée que M. Laroche, le doyen de la communauté des Blancs de Los Peñascos, m'appelle sur mon cellulaire.

— Monsieur Laroche, je suis à Paris. Le saviez-vous ? Il est tôt, chez vous, non ?

— Écoutez, Marie Lise, c'est urgent, vous devez poursuivre l'homme qui a tué votre mari.

— Quoi ?

Mon oreille ne veut pas décoder ce qu'elle vient d'entendre.

— Marie Lise, c'est inacceptable. Votre nièce l'a reconnu à 80 pour cent. Elle a eu peur, mais c'est tout de même elle qui a dessiné son portrait. Elle aurait dû dire 100 pour cent.

Une colère enfle dans mon ventre. Cet homme tente de s'approcher d'un territoire affectif impénétrable : Julie. J'essaie de prendre sur moi. Rester polie, tenter d'accueillir ses propos et, surtout, bien lui expliquer de quoi il retourne.

— Monsieur Laroche, ma nièce a fait ce qu'elle a pu. Oui, elle a peut-être eu peur ou pitié. Pouvez-vous imaginer ce qu'elle a vécu et revécu en venant identifier cet homme à Saint-Domingue ?

Des passants se retournent pour me regarder. Je me rends compte que je suis en train de crier.

— Écoutez-moi bien, Marie Lise, vous allez poursuivre cet homme. C'est important pour nous tous. De quoi avons-nous l'air, nous, ici, les Canadiens ? Un Dominicain a tué votre mari. Vous devez le poursuivre.

Plus il parle, plus je réalise que nous vivons dans des mondes différents.

— Monsieur Laroche, vous n'avez pas encore compris que jamais je n'impliquerai ma nièce dans un procès en République dominicaine. Vous connaissez le pays et les risques de corruption.

— Oui, mais vous, c'est votre devoir. Comme c'est aussi le devoir de votre nièce. Vous devez vous défendre et nous défendre.

Monsieur Laroche est âgé. Son souffle est court. J'entends la voix de sa femme, Nicole, qui tente de l'apaiser.

La porte de la boutique s'ouvre et madame Pinot m'invite d'un signe à entrer. Dehors, il fait froid et c'est humide. Mon corps tremble, mais je ne sais si c'est de froid, de désarroi ou de rage. Aux deux extrémités de la connexion téléphonique, c'est le silence. Je me faufile à l'intérieur de la boutique.

— Allô, Marie Lise, êtes-vous là ?

— Oui, je suis toujours avec vous, monsieur Laroche.

— Ici, nous en avons parlé et nous jugeons que vous devez poursuivre cet homme.

Je n'ai qu'une envie, lui raccrocher au nez. De quoi se mêle-t-il ?

— Nous ne pouvons pas perdre la face, nous devons défendre notre honneur.

Ce n'est pas possible, qui est-il pour me parler ainsi ? On dirait un père qui gronde sa fille.

— Écoutez, monsieur Laroche, je vais raccrocher. Je n'ai plus rien à ajouter, sauf ceci : je ne poursuivrai pas l'assassin de mon mari.

Brutalement, je ferme mon téléphone. De ses grands yeux, la lingère me regarde. Mal à l'aise, je la remercie de me permettre de m'abriter du froid, bien au chaud dans sa boutique.

— Si vous voulez mon avis, cet homme ne se mêle pas de ses affaires.

— En République dominicaine, pour les habitants du complexe touristique où je vis, mon choix est difficile à accepter. Beaucoup ne comprennent pas que mon mari et moi vivions notre vie dans une vision plus vaste de l'univers.

Madame Pinot s'assoit au bout du comptoir.

— Vous n'en voulez pas à l'homme qui a tué votre mari ?

— Je ne suis pas animée d'un désir de vengeance. Je ne ressens pas de haine envers l'assassin. Je sais qu'il n'a pas voulu vraiment le tuer. Ils ont tous besoin de trouver un coupable, mais, en quelque sorte, ils sont tous coupables. C'est pourquoi ils sont mal à l'aise.

— Ils sont tous coupables ?

— Enfin, pas directement, mais je crois qu'ils se sentent coupables car, lors d'une assemblée, ils ont voté la réduction du nombre des gardiens sur le site, par souci d'économie. Mon mari et moi étions contre cette idée. Ils nous ont répondu que nous n'avions qu'à engager notre propre gardien.

— Vous aviez donc un gardien ?

— À Noël, nous avions l'habitude d'en engager un, mais pas cette année… Voyez-vous, je pourrais aussi m'accuser de ne pas l'avoir fait. Cette histoire de culpabilité est sans fin.

Je vois bien que madame Pinot fonctionne aussi sur le mode « chercher le coupable ». Je n'ai pas le courage de lui expliquer que nous sommes les cocréateurs de notre réalité.

CHAPITRE 71

Choisir entre deux hommes

Mont Mégantic, Québec, le 21 mai 1990, 12 h

L e paysage qui se déploie devant moi est magnifique. Assise à flanc de montagne, vêtue d'un tricot de laine, je me prépare à entrer en méditation. Les paroles de mon ami Nicolas, mon analyste de rêves, me hantent : « Ne pas choisir, porter la tension entre les opposés : Nataraj, l'homme aux cheveux blonds ; David, l'homme aux cheveux noirs. Ce sont deux énergies masculines de votre monde intérieur. Essayez de vivre les deux en conscience. Vous n'avez pas à choisir, puisque chacun est au courant de votre amour pour l'autre et l'accepte. Que voulez-vous de plus ? Vivez cet amour en conscience. Vous savez, Carl Gustav Jung… »

Mon ami psychanalyste voue une grande admiration à la vie affective de Jung, qui vivait avec sa femme et sa maîtresse. Il tente de m'aider à apaiser ce tiraillement. Il est vrai que je me mets moi-même dans la position de choisir, comme si c'était un impératif. Mes partenaires, eux, acceptent la situation. Les deux voyagent beaucoup, l'un en Europe et l'autre aux Antilles. Ils ont aussi d'autres femmes dans leur vie.

La question de Nicolas revient en boucle : « Que voulez-vous de plus ? » Ce que je veux de plus, c'est que cette tension se relâche. J'ai envie de m'engager avec l'un ou avec l'autre. Ce besoin d'entrer en action créatrice avec un partenaire est ce qui m'anime. Avec David, c'est la chair, la passion, et une grande admiration mutuelle. De plus, nous partageons la même profession. Nos corps, nos cœurs, nos âmes se reconnaissent et jouissent. Avec Nataraj, c'est la flamme de l'âme, la mission, la guérison, l'élan de créativité.

Je me suis retirée sur cette montagne pour méditer jusqu'à ce que la décision devienne claire. Combien de temps vais-je y rester ? Un jour, une semaine, un mois, un an ou toute une vie ?

Cette pensée me fait sourire. Le cahier où j'ai écrit le pour et le contre est dans le sac à côté de moi. Je sais que ce choix ne pourra pas se faire avec la tête ou le sexe, il se fera avec le cœur et, idéalement, l'âme. Je ferme les yeux, l'air pur de la montagne pénètre dans mes cellules par le mouvement régulier de ma respiration. J'appelle à moi la présence de David et celle de Nataraj. J'écoute la vibration de leurs âmes.

Un jugement se faufile dans mon esprit : « Encore deux hommes ? Toujours tiraillée ? Qui est l'homme de remplacement ? » Ces pensées dérangent ma méditation. Pour apaiser mon esprit, je contacte mon âme. Une douce chaleur monte de mon thorax, descend dans mon ventre, pour remonter le long de ma colonne vertébrale. Ma méditation s'approfondit et je pose mentalement mes questions. Qui peut accompagner le plus adéquatement mon âme dans son évolution ? David ou Nataraj ?

— Les deux, répond ma voix intérieure.

Avec qui ai-je un mandat de réalisation ?

— Les deux.

Qui sera le plus présent et le plus apte à s'engager?

— Nataraj, surtout, David aussi, certainement.

Lequel pourra soutenir mon évolution spirituelle?

— D'abord Nataraj, David aussi, par amour, sans aucun doute. Tu es et tu seras, pour ce dernier, celle qui le guidera vers son ouverture spirituelle.

Avec qui pourrais-je exercer mon action de guérison?

— Avec les deux! Ils te guideront pour guérir ta blessure d'abandon. Suis ton cœur, suis ton âme. La réponse est en toi.

Intérieurement, je souris : je me retrouve au même point qu'avant la méditation, mais la tension s'est relâchée. Une paix réside au centre de ma personne. La réponse n'est pas dans ce que ces hommes représentent, mais bien dans ce que je perçois comme étant mon besoin profond d'exploration du couple.

Jusqu'à présent, j'ai beaucoup côtoyé la passion charnelle. En revanche, l'élan spirituel avec un compagnon m'est inconnu.

Je peux redescendre de la montagne.

CHAPITRE 72

Le rêve d'Isis

Paris, le 8 mars 2001, 9 h

Vêtue d'une robe de soie blanche à longues manches, j'entre dans une salle d'un blanc éclatant. Les ossements de Nataraj reposent sur une table métallique de la morgue. Il est en morceaux épars. Je m'empresse de reconstituer son squelette. Cette action me procure une chaleur intérieure, mon cœur est rempli d'amour. Je sais qu'en agissant ainsi je vais le ramener à la vie, le ressusciter du royaume des morts. Ensuite, j'agis sur la chair. À côté de moi, il y a des lambeaux de peau, comme de longues bandelettes déposées sur un plateau de métal. Je prends ces bandes de chair, une à une, et les dépose avec soin sur le squelette de Nataraj. Je façonne la peau qui, au contact des os, prend vie. Je ne veux pas aller trop vite. Je sais que cela va prendre du temps. Assise à côté de lui, j'attends qu'il se ranime. La couleur de son corps est celle d'un mort-vivant. Cela m'effraie un peu. Vais-je réussir à lui insuffler la vie ? Oui, par mon amour. Bientôt, je vais le prendre dans mes bras et l'embrasser.

* * *

Je suis dans l'espace entre le sommeil et l'état de veille. Remplie de cette certitude que Nataraj va renaître, je me réveille à la dure réalité. Il est mort, bel et bien mort. L'espoir du rêve s'estompe avec brutalité. J'atterris dans un sentiment de vide incommensurable. Jamais je n'arriverai à remplir le trou béant laissé par sa disparition.

Une vague de tristesse m'envahit, tel un raz de marée. En pleurs, je m'ouvre à l'interprétation de mon rêve. Jaloux du bonheur d'Isis et d'Osiris, Seth tua son frère, le dépeça et dispersa les morceaux dans le Nil. Isis, déesse égyptienne de guérison, partit à la recherche des restes de son mari et, petit à petit, remit les morceaux ensemble pour lui redonner vie.

Mon inconscient se souvient que j'ai exploré ce mythe avec mon ami Guy Corneau, dans un séminaire qu'il avait dirigé, où j'animais les ateliers sur le corps et l'inconscient. Je tente d'intégrer ce rêve puissant. Qu'est-ce que mon inconscient m'enseigne ?

Pendant des années, j'ai rêvé de Nataraj. Il représentait souvent une dimension masculine intérieure positive. Je porte en moi Isis, tout comme je porte en moi Osiris, la dimension masculine que je répare. Je porte aussi en moi Seth, l'assassin. Des années auparavant, au début de ma thérapie jungienne, j'ai réalisé que ma part masculine était malade, ou morte, à cause de l'absence de figure paternelle. Cette dimension assassine est là, et j'accueille aussi ce masculin négatif.

Un pâle rayon de soleil entre par la fenêtre. Je sors du lit, le corps fatigué de deuil. Je m'étends dans la lumière pour m'énergiser. Je tente d'accueillir mon rêve, de faire revivre consciemment sa dimension positive. C'est une réparation importante qui va m'aider à nourrir mon désert affectif. N'ai-je pas cherché à faire revivre Nataraj en achetant à Bruxelles la statue du dieu dansant ?

À côté de moi se trouvent les balles et les bâtons pour ma pratique quotidienne de la méthode de libération des cuirasses. J'installe sous mon bassin deux balles de tennis que je fais rouler pour éveiller l'énergie vitale logée à la base de la colonne vertébrale.

Ma respiration s'apaise, les sanglots aussi, et je respire le soleil matinal. Par un mouvement de reptation, je fais monter les balles de chaque côté de ma colonne vertébrale. Je prends soin de m'arrêter sur les points de tension pour ouvrir dans le dos les muscles associés à la respiration. J'étends les bras de chaque côté, puis je les laisse pendre vers l'arrière. Mon cœur s'ouvre comme dans mon rêve. Les images du songe sont toujours très présentes sur mon écran intérieur.

Je laisse circuler les sensations associées à ce monde de perception onirique. Je salue en moi le Nataraj qui renaît. Mon inconscient m'enseigne que j'ai tout en moi pour me reconstruire.

CHAPITRE 73

La matrice

Montréal, le 4 avril 2001, 7 h 30

Seule dans l'immense bassin d'eau entouré de baies vitrées, je dessine des arabesques aquatiques. Devant moi, dans la montée de la lumière matinale, se dresse le mont Royal. Au 31ᵉ étage, je savoure la beauté du lieu. J'ai quitté le loft montréalais, qui était trop habité d'images du passé, pour un appartement tout vitré en plein cœur du centre-ville de Montréal. J'ai échangé les vieilles pierres pour une cage de verre d'où je peux voir le fleuve Saint-Laurent et les immeubles design de la ville. Suis-je comme Blanche-Neige qui, endormie par son mauvais sort, attend sa libération ?

Les pieds appuyés au fond de la piscine, je tourne en rond dans l'eau, dessinant avec mes bras allongés des cercles qui créent une onde sur la surface lisse. Hier, mon ami David et moi avons longuement échangé sur la mort et sur le fait que je l'ai quitté pour Nataraj. À l'époque, mon choix l'avait profondément blessé.

Nous aurions pu faire l'amour. J'ai choisi de rentrer seule. Je m'en sens incapable. Les mots durs de Paul m'ont laissée meurtrie. Je leur ai donné un pouvoir. De mon besoin d'exister, je suis tombée dans le rejet de moi-même. Depuis, je me refuse à la jouissance, je me punis. J'espère que je n'irai pas jusqu'à me rendre malade dans mon corps. Pour le moment, il n'y a aucun signe de retour de la maladie auto-immune qui m'a terrassée autrefois.

J'ai su que Paul a rencontré une femme qui tente de le sauver de moi. Il paraît qu'il m'aime trop et que j'ai eu une mauvaise influence sur lui. C'est un jeu sans fin dans le triangle dévastateur de l'amour.

L'eau chaude de la piscine me permet de laisser mon corps flotter en douceur.

— Respire, Marie Lise, me rappelle la voix intérieure.

Nager, nager. Mon corps glisse sur l'eau.

J'ai revu Paul la semaine dernière, il s'est excusé de ne pas avoir été là lorsque j'avais besoin de me sentir vivante.

— *J'ai été un frère pour toi quand c'est un homme que tu attendais.*

Je n'ai pas été capable de lui avouer que j'attendais en effet qu'un homme que j'aime me sorte de l'enfer de la mort.

— *Je n'ai pas été à la hauteur. J'aimerais que l'on puisse s'aimer comme avant.*

— *Paul, il n'y a plus d'avant. Rien n'est plus pareil. Inconsciemment, tu es venu réactiver ma culpabilité. Tes paroles m'ont heurtée.*

Comment pouvais-je lui expliquer que je suis prise entre des forces contraires : celles qui me punissent de vivre et celles qui m'ont réveillée à la vie ?

— *Paul, je ne suis plus la même. Celle que tu aimais n'existe plus.*

Tout en poursuivant mes mouvements aquatiques, mon corps adopte spontanément une position fœtale. Je flotte sur le ventre. J'abandonne mes membres. De profonds sanglots émergent, je laisse aller les pleurs. L'eau salée de mes larmes se mélange à l'eau chlorée de la piscine. Étrangement, le bassin d'eau devient une énorme matrice.

CHAPITRE 74

La marée noire

Montréal, le 15 avril 2001, 15 h

Le nez dans les cahiers où je consigne mes rêves et mes réflexions depuis 25 ans, je cherche. J'espère y trouver quoi ? La réponse au mystère de ma vie d'aujourd'hui. Un sens au fait que mon mari est mort et que je suis vivante. Sournoise culpabilité qui, telle une mélasse, s'infiltre dans mon âme et la souille. Mon océan intérieur est une marée noire. Les ailes engluées, je n'arrive pas à m'élever.

Depuis 1976, j'ai noté des centaines de rêves dans des dizaines de cahiers. J'ai nourri presque quotidiennement un journal personnel. J'y ai raconté à la fois les épreuves de ma vie, mais aussi mes élans mystiques. Combien de fois ai-je été habitée par la grâce ? Combien de fois ai-je ressenti dans toutes mes cellules l'amour universel ? Combien de fois ai-je connu l'extase ? Alors, à quoi m'ont servi ces moments de béatitude si aujourd'hui je me laisse aller à la culpabilité ? Le passage est étroit, il est initiatique, et, comme dans toute initiation, il implique une mort et une renaissance.

C'est une mise à nu totale.

La vie donne et reprend. Quand et comment ? Là repose le mystère.

Le soleil entre pleinement dans mon appartement montréalais. J'observe les particules de poussière qui s'élèvent de mes vieux cahiers et dansent dans la lumière vive de l'après-midi. Je savoure ce moment de solitude.

Je ne sais pas si c'est le fait d'avoir rencontré la mort qui suscite en moi cette lucidité. Oui, je suis sortie de derrière le rideau pour constater l'horreur. Et pourtant, l'agresseur aurait pu soulever ce rideau ou tirer un coup de feu à travers. S'il n'a pas tiré, si je suis encore là, si l'on m'a dit de préserver la vie, c'est certainement pour vivre. Non pas survivre, Marie Lise ! Vivre.

— Réveille-toi, me dit la voix en moi.

À quoi me sert cette culpabilité ? À entraver l'amour, à entraver le déploiement de mes ailes, à entraver ma propre libération. Ce soir du 24 décembre, la vie m'a fait le cadeau de la vie et de la mort. Elle m'a repris l'être auquel j'étais le plus attachée, malgré tous mes efforts de détachement. Quel défi !

Ce n'est pas uniquement le détachement de mon mari dans sa forme physique, c'est aussi le détachement de la survie, de la bonne vieille culpabilité qui m'a accompagnée.

N'ai-je pas le droit de vivre ? Le droit d'exister en tant que femme, exister sans homme, sans père, sans mari, exister dans mon potentiel créateur, à la fois femme et homme, unie, réconciliée. Exister, point à la ligne.

Appuyée contre ma bibliothèque, je regarde le centre-ville de Montréal qui grouille de monde en cette journée de Pâques. Tous ces gens sont-ils conscients qu'ils vont un jour mourir ? S'ils vivaient avec la conscience de leur mort, leur vie serait certainement différente.

J'ai dit à Louis : « Il y a quelque chose que je ne comprends pas de la mort. »

Eh bien, j'y suis. J'explore la mort tout en étant vivante. Je déploie tous mes outils qui cultivent en moi la circulation de la vie : la respiration, la contemplation, les mouvements de libération des cuirasses, la compréhension de mes rêves. Je me tiens la main, je suis mon propre laboratoire.

Krishnamurti dit que la mort est comme la vie ; qu'explorer la mort, c'est explorer la vie.

Je n'ai jamais osé explorer la mort. La dernière fois que j'ai vu la mort de si près, j'étais dans le ventre de ma mère. Je suis née avec une culpabilité de vivre.

Ce n'est pas avec cette marée noire que je peux réparer la matrice de la vie en moi. Ce n'est pas en me sentant coupable que je peux explorer la mort. Ça, c'est la morbidité. Non ! Tout au contraire, c'est en cultivant la vie que je peux mourir pour découvrir une autre façon de vivre.

Joyeuses Pâques, Marie Lise !

CHAPITRE 75

La mémoire assassine

Montréal, le 18 juin 2001, 9 h

Je sens le poids d'un corps couché à côté de moi dans le lit. Est-ce toi, Nataraj? Comme c'est bon de te sentir là, à mes côtés. Je tends la main pour toucher son corps. Est-ce toi, Nataraj? Cette question éveille mes sens. En conscience, je sais que c'est impossible, puisqu'il est mort. Mais alors, qui est là avec moi dans le lit? Même si ce n'est pas dangereux, c'est très inconfortable. Il faut que je sorte du sommeil, mais je n'y arrive pas. La présence quitte sa place. Mon lit retrouve son uniformité. Petit à petit, je suis oppressée par quelque chose qui maintenant est allongé sur tout mon corps. Vite, il faut que je sorte de mon endormissement. Ouvrir les yeux, voir qui est là sur moi. Je n'arrive pas à ouvrir les yeux. Il me faut pousser cette chose hors de moi.

*　*　*

Réveillée par mon propre cri, je me redresse face aux baies vitrées de mon appartement. Le centre-ville de Montréal bourdonne d'une grande activité. Au loin, le fleuve Saint-Laurent brille d'une couleur argentée. Mon cœur pulse en accéléré. Je me recouche sur le futon pour réfléchir à la signification de mon rêve.

Me reviennent à l'esprit les histoires où l'âme du défunt vient visiter les êtres chers avant de s'éloigner du plan terrestre. Nous sommes en juin. Si j'avais vécu cela le lendemain de sa mort, je comprendrais, mais, maintenant…

Ce rêve ne ressemble pas aux 21 autres où, comme Isis, j'ai reconstitué peu à peu le corps de Nataraj. Ces songes étaient un pur bonheur de réparation intérieure.

Je quitte le futon pour me masser le dos au sol avec les balles de tennis. Remettre mon corps en mouvement, laisser mon subconscient me renseigner sur ce que je viens de vivre. Soudainement, un déclic : cette impression, cette énergie qui me colle sur le devant du corps, c'est celle de l'agresseur. C'est la même sensation que lorsque j'étais derrière le rideau et que je ressentais, dans chacune des fibres de mon être, l'homme qui venait de tirer sur mon mari. Je suis dans la mémoire de l'agression.

Après les rêves de guérison, serais-je désormais prête à affronter cet instant de terreur ?

Je tente par mes mouvements d'étirement d'extirper de mes cellules ce qui m'a figée — la peur, la terreur, faire la morte. Toutes ces réactions instinctives animales circulent en ce moment dans mon sang, dans mes veines. Le rêve a réveillé en moi cette force. Si mon inconscient m'amène maintenant cette mémoire, c'est que je suis prête à la rencontrer, à la libérer. Qu'est-ce que j'aurais pu faire, derrière le rideau, que je n'ai pas fait ? Sauter à la gorge de l'agresseur, me battre avec lui.

Couchée sur les balles de tennis, je tente d'imaginer ce scénario où, au lieu de subir l'agression, j'attaque, je me bats.

— Souviens-toi, Marie Lise, quand tu pratiquais le kendo, l'art de l'attaque.

Ma voix intérieure me rappelle cet art martial que j'ai pratiqué pendant des années, qui m'aidait à rééquilibrer en moi la dimension du masculin intérieur affaiblie par le manque de père.

J'entre dans une nouvelle étape, mon inconscient collabore, il m'indique la prochaine piste de libération. Sortir de moi la mémoire de l'agression. Si je ne libère pas cette agression, je vais la faire mienne et elle risque de nourrir une nouvelle déficience de mon système immunitaire. Non, je ne veux pas rechuter.

CHAPITRE 76

Il revient

Villa L'Hacienda, République dominicaine,
le 15 août 2001, 11 h

Même si je ne veux pas le reconnaître, une partie de moi se sent en danger. Pourquoi y aurait-il danger? Sur la terrasse, un de mes amis fait de la couture. Étendue sur mes coussins, j'analyse cette sensation intérieure de menace qui se mélange à un moment de pure félicité.

Ici, tout est beau, la mer, les palmiers, les fleurs, le vent chaud. Cet ami homosexuel qui m'accompagne pour un mois m'a aidée à repeindre les meubles de la terrasse, ce qui ajoute à la beauté féerique du lieu. Je souris de le voir coudre. Avec lui, c'est le monde à l'envers, il me prépare à manger, il décore la maison, il prend soin de moi. Nous partageons tout, sauf la sexualité. Cela me sécurise. Je n'ai pas besoin d'ouvrir mon cercueil de verre.

Et pourtant, je pressens que quelque chose est là et me guette. Est-ce encore un effet du stress posttraumatique? Ne pas écouter cette tension, protéger ce moment de paix, maintenir ce cocon de bienveillance et d'enveloppement. Je veux juste me sentir bien.

Soudain, je perçois les cris de Rolland, mon intendant. Il engueule quelqu'un à la grille du jardin. En me dirigeant vers lui, j'aperçois une camionnette blanche s'éloigner à toute vitesse. Rolland est livide et enragé.

— Qu'est-ce qui se passe ?

Les mots sortent difficilement de sa bouche.

— C'était le Balsero. Ce fou t'injuriait et exigeait des excuses pour avoir été mis en prison.

Je n'en crois pas mes oreilles.

— Mais ce n'est pas possible, le Balsero est en prison en ce moment même.

— Ça m'étonnerait, puisqu'il était là il y a quelques secondes ! Je l'ai menacé d'appeler la police. Il s'est enfui rapidement.

— Comment est-ce possible qu'il soit sorti de prison ?

Abasourdie, je n'ai plus de réaction.

— S'il a le malheur de revenir, j'appelle la police.

Rolland tend à nouveau le cou vers la porte d'entrée.

— Ce sont tes avocats.

À peine arrivés, les avocats écoutent l'histoire de Rolland. Leur réponse ne se fait pas attendre.

— Allons déposer une plainte contre cet homme. Il n'a pas le droit de t'approcher. Il va retourner en prison.

C'est reparti. Le mauvais film se poursuit.

— Peut-on m'expliquer comment il est sorti de prison ?

— Vous n'avez pas voulu lui intenter un procès ! Et nous sommes au mois d'août.

Je réalise que j'avais oublié le Balsero, même si le souvenir de l'agression se pointe pour être libéré. Occupée à retrouver la vie, j'ai mis de côté l'homme qui a tué mon mari. Pour moi, il n'existe plus. Et pourtant…

CHAPITRE 77

Le mangeur de racines

El Breton, Abreu, le 21 août 2001, 19 h

Accroupi, Angito mâche des racines. Il regarde les reflets du coucher de soleil sur la mer. Juché à El Breton, dans sa grotte de trois étages, il domine le monde. Habitant ainsi les cavernes aux murs recouverts de dessins des dieux des Taïnos[24], il se croit tout-puissant. Oui, il est un dieu. Personne ne peut l'arrêter. Il a tué et il tuera encore.

Devant lui, sur une natte, il contemple le pistolet du Balsero et sa collection d'armes volées au général Beauchamp. Il est fier d'avoir éliminé le militaire. Il s'est laissé guider par Dieu qui a ainsi montré sa toute-puissance. Le général avait la réputation d'être un homme fort et vaillant. Lui, Angito, il l'a eu. Le vieux n'a rien vu venir.

---

24. Taïnos : ethnie amérindienne des grandes Antilles, disparue au xvie siècle. Malgré cela, beaucoup d'Antillais, plus particulièrement des Cubains, Portoricains et Dominicains, se considèrent toujours comme des Taïnos. La religion taïnos est centrée sur le culte des zemís (ou cemís). Les zemís étaient soit des dieux, des esprits ou des ancêtres.

Il se lève pour fumer une cigarette. Il a accumulé des boîtes de conserve, deux sacs de riz, du rhum. Avec cela, il peut tenir un mois sans sortir de son trou. La police lui court après, plus de 100 hommes le recherchent dans la région. Ils vont de cave en cave, mais n'ont toujours pas découvert sa cachette.

Le rire d'Angito résonne dans l'immense grotte. Ils ne vont pas l'attraper. Angito est souple, son corps émacié lui permet de bouger et de courir le long des parois abruptes des falaises qui dominent la mer. Il est un homme libre, il est le dieu qui disparaît par magie. Cet imbécile de Balsero qui s'est fait avoir par la police ! Lui, Angito, n'ira pas en prison. Il est bien plus futé que l'autre.

CHAPITRE 78

Le monde à l'envers

Paris, île Saint-Louis, le 22 septembre 2001, 19 h

— Madame Labonté, votre vie est menacée par le Balsero, le présumé assassin de votre mari.

— Qu'est-ce qui vous fait dire cela?

— Le Balsero est de retour en prison depuis son escapade du mois d'août. Nos contacts nous ont informés qu'il vous menace sérieusement. Puisque vous ne le poursuivez pas, la police ne peut pas le garder plus longtemps. Il sera libre le 30 novembre.

Monsieur Forget fait une pause. J'en profite pour respirer.

— Comptez-vous revenir en République dominicaine?

— Oui, pour Noël. Il y aura un an que mon mari a été tué.

— Sachez que nous ne pourrons pas assurer votre sécurité. Vous devrez donc vous engager un garde du corps, et ce, chaque fois que vous reviendrez dans ce pays.

Mon interlocuteur fait une autre pause. Je sens monter en moi une révolte. Personne ne va m'empêcher de retourner chez moi, pas même le Balsero. S'il le faut, j'aurai un garde du corps pour le reste de mes jours. Monsieur Forget attend au bout du fil.

— O.K., je vais me trouver un garde du corps.

— Peut-être est-il encore temps de poursuivre l'homme qui a tué votre mari ?

— Monsieur Forget, vous connaissez ma position.

— Oui, et je vous invite à réfléchir. Votre vie risque d'être difficile dans ces conditions.

C'est à mon tour de faire une pause.

— C'est à moi de décider si ma vie sera facile ou non. Mais je vous remercie de m'avoir prévenue de sa libération.

— Lorsque vous aurez engagé votre garde du corps, veuillez nous indiquer son nom, son agence et ses coordonnées.

Je raccroche. Je me verse un verre de vin. Les lumières des bateaux-mouches qui circulent sur la Seine éclairent mon appartement. J'ai besoin de réfléchir. Je suis étonnée que l'assassin de Nataraj, pour qui je n'éprouve aucune haine, ressente, lui, une telle colère envers moi. C'est le monde à l'envers.

Il est évident que je ne vais pas poursuivre cet homme. Quelle ironie : la créatrice de la méthode de libération des cuirasses aura besoin d'un garde du corps !

CHAPITRE 79

Le bouclier humain

Lyon, le 9 octobre 2001, 17 h

A lex me regarde de ses yeux bleus intenses. Rencontré à
Lyon en juin dernier lors d'une conférence que je don-
nais avec Guy Corneau, Alex s'occupait de la sécurité.

— Avez-vous l'air toujours aussi détendu ?

— Disons que ça fait partie de mon métier.

Alex enchaîne les phrases. Son débit est rapide.

— Puis-je vous poser des questions pour mieux saisir la
situation ?

Je consulte ma montre: il reste deux heures avant ma conférence. Si ses questions réveillent des mémoires de trauma, il me
sera difficile de transmettre calmement mon propos.

— Écoutez, je dois donner une conférence...

— Je vais faire attention à vous. Excusez-moi, mais je n'ai
pas d'autres moments de libre.

« Je vais faire attention à vous », c'est étrange comme ces
mots me touchent.

— Allons-y, alors !

En une heure, Alex a rassemblé les informations nécessaires
pour entreprendre ses recherches. En décembre, nous nous

retrouverons à Montréal et nous irons ensemble en République dominicaine.

— Excusez-moi, mais, combien prenez-vous ?

— Je vous enverrai ma facture par courrier électronique et vous déciderez. Soyez sans crainte, cette mission m'intéresse, je vais vous faire un bon prix.

De toute façon, ai-je le choix ? Je n'ai pas envie de me mettre en frais pour convoquer des candidats. Et cet homme m'a inspiré confiance dès que je l'ai rencontré.

— Je savais que nous nous reverrions.

La voix d'Alex est soudainement plus douce.

— Que voulez-vous dire ?

— Ce que je viens de vous dire. En juin, quand je vous ai reconduite à l'hôtel, je savais que je vous reverrais sous peu.

De l'intuition, mon garde du corps a de l'intuition ! J'imagine qu'il en faut pour faire ce métier.

— Je tiens à vous informer de certaines règles que vous devrez respecter, sinon je mets immédiatement un terme à cette mission. C'est une question de vie ou de mort. J'ai des responsabilités et il m'importe d'avoir votre entière collaboration.

Revenue sur la planète Terre, j'écoute ses lois. Je comprends vite qu'elles sont très strictes. Et elles ont leur raison d'être.

— Si je dois partir en mission pour quelques jours, je ne serai pas joignable. Si vous avez à me transmettre d'autres informations, veuillez attendre mon retour.

La voix d'Alex est basse et intense.

— Quelle mission ?

Pas de réponse.

— Du genre « mission impossible » ?

— Non, toujours possible.

Je détourne les yeux. Cet univers est tellement éloigné du mien ! Alex est un bouclier humain. Je n'arrive pas à croire que je viens d'engager une armure vivante.

CHAPITRE 80

Gracié

Villa L'Hacienda, République dominicaine,
le 20 décembre 2001, 15 h

L e téléphone sonne alors que je mets les pieds dans la maison.

— Marie Lise, savais-tu que la police a finalement arrêté Angito, le fou qui est accusé d'avoir tué le général Beauchamp?

Jean, mon ami propriétaire de l'hôtel La Palmera Royal, est excité. Il me ramène dans un autre monde. J'avais oublié que la police, depuis des mois, était à la recherche de ce fou armé jusqu'aux dents qui se cachait dans les grottes d'Abreu.

— Ah bon!

— Oui, il y a de cela quelques jours. Mais ce n'est pas tout. Tiens-toi bien!

Mon interlocuteur fait une pause, comme s'il était essoufflé.

— Je viens de voir à la télévision dominicaine une vidéo dans laquelle Angito en personne affirme avoir tué le général et ton mari.

Je cherche une chaise pour m'asseoir.

— Quoi? Et... le Balsero?

Ma voix tremble.

— C'est un coup monté. Lors de l'arrestation d'Angito, des journalistes lui ont posé la question : Avez-vous tué le Canadien ? Il a répondu que non, plusieurs fois. Il a avoué qu'il avait tué quatre personnes, dont une femme et sa fille, et aussi le général, mais pas le Canadien.

Je sens à nouveau l'angoisse pointer dans mon thorax.

— Jean, je ne comprends rien à ce que tu me dis. Julie a dessiné le visage du Balsero. Tu étais là. Ensuite, elle l'a identifié.

— À 80 pour cent !

— Tu ne vas pas revenir là-dessus, s'il te plaît !

J'en ai marre de ces 80 pour cent. Allez-vous nous laisser tranquilles, ma nièce et moi ?

— Écoute, Marie Lise, ce sont des choses qui se font dans ce pays. Par exemple, Angito a pu endosser un meurtre de plus pour s'assurer d'être bien nourri en prison. Tu sais, ici, ce sont les familles qui nourrissent les prisonniers, et Angito n'a personne. Alors, tu comprends…

Que dire ? Je suis confuse, je manque de sommeil depuis mon départ du Québec. Je me suis levée à trois heures du matin pour prendre l'avion à Montréal. Le soleil éblouit mon cerveau, la mer brille d'un bleu argenté. Tout est si beau et si incongru en même temps.

— Écoute, tu ne dois plus avoir peur. Le Balsero va désormais te laisser tranquille puisque l'autre s'est accusé du meurtre de ton mari. Viens souper à l'hôtel avec ton garde du corps. On en reparlera. Je te montrerai une photo d'Angito. Il est très différent du Balsero.

— Merci, Jean, je vais me reposer et aller manger chez vous. C'est une bonne idée.

Je raccroche le combiné. Mes bras n'ont plus d'énergie. Alex me questionne du regard.

— Je vais aller m'étendre, je suis exténuée. Je te raconterai plus tard.

D'un commun accord, nous avons décidé, Alex et moi, de nous tutoyer.

— Non, tu dois m'informer de ce qui se passe maintenant. Tu iras te reposer ensuite. Cela semble important. Raconte-moi.

Je n'aime pas me faire imposer des choses par cet homme, mais ne me suis-je pas engagée à l'écouter et à respecter ses ordres ? Fidèle au contrat de protection, je lui résume donc ma conversation avec Jean.

— Je vais appeler mes contacts à Saint-Domingue et leur demander de m'envoyer une photo d'Angito. As-tu une imprimante ?

— Oui, dans ma chambre.

— Peut-on l'installer dans le salon ? Comme ça, je pourrai travailler pendant que tu dormiras.

— Et toi, tu n'as pas besoin de te reposer ?

Ma question est inutile, je connais la réponse. Cet homme est ici pour me protéger.

— Non, j'ai du boulot. Si ce que ton ami nous a dit est vrai, tu es peut-être hors de danger maintenant. De plus, je dois faire le repérage de ta propriété.

Je me dirige vers la chambre avec l'agréable impression que cet homme veille sur moi comme un père.

CHAPITRE 81

Le pasteur

Payita, République dominicaine,
le 22 décembre 2002, 5 h

L e pasteur est là, devant lui. Malgré l'aurore, le Balsero
insiste pour qu'il termine sa mission. La petite maison
près de l'établissement religieux ne compte que deux pièces.
Une chambre pour les parents et les enfants, et un salon-cuisine.
Le pasteur lui fait signe de garder le silence pour ne pas
réveiller les enfants et lui indique de le suivre.

L'air frais des montagnes entre par la porte entrouverte de
la maison de Dieu qui donne sur la seule route du village. Un
hameau avec un temple pour une communauté de chrétiens
fondamentalistes.

Ici, c'est le refuge du Balsero, depuis qu'il est sorti de l'enfer de la prison. Des cousins l'ont accueilli pour qu'il retrouve
une bonne santé physique et spirituelle. Dans ces montagnes,
il est loin du regard haineux des gens de Puerto Juan où il
n'est plus le bienvenu. Il le sait. On l'accuse toujours d'avoir
tué le Canadien, même s'il a été libéré et gracié.

Le Balsero paraît plus vieux de dix ans. Amaigri par la
pauvreté de son régime de prisonnier, épuisé par ses mauvaises

nuits à même le sol, dans la puanteur des excréments des prisonniers. Ils étaient 12 hommes dans une cellule conçue pour six. Le Balsero a cru devenir fou, vraiment fou. Le cœur rongé par la rage, combien de fois a-t-il juré de tuer cette femme blanche? Mieux vaut mourir que vivre un pareil cauchemar à perpétuité. La haine l'a maintenu vivant.

Mais, depuis la veille, il a décoléré. Il a reçu un signe de Dieu. C'est pourquoi il veut que le pasteur tienne sa promesse de l'aider. Retourner une dernière fois là-bas et transmettre un message. C'est tout ce qu'il demande.

L'homme de Dieu est rentré hier avec le signe du ciel : Angito a endossé le meurtre du Canadien. Le Balsero est lavé de tout soupçon. Par contre, le pasteur tient à ce qu'il ne retourne plus « dans le jardin d'Eden où le serpent s'est infiltré ». C'est ainsi que le pasteur décrit le lieu du crime et l'attaque du Balsero. Ce dernier sait qu'il est le serpent, jaloux et rusé, qui a amené le mal à ces gens. Il a reconnu qu'il était le mauvais. Combien de fois le pasteur lui a-t-il dit que sa colère l'éloignait de Dieu et de son pardon? Mais le signe est venu et Dieu lui a pardonné. Si le ciel lui donne l'absolution, lui aussi peut pardonner.

CHAPITRE 82

L'absolution

Restaurant Flor de Loto, Abreu,
le 22 décembre 2001, 19 h

L e souper de Noël de mes employés a lieu sous le toit de paille du *kiosko* Flor de Loto. C'est la première année que cette soirée a lieu sans Nataraj. Alex a placé les convives de façon qu'il puisse surveiller le stationnement du restaurant et les allées et venues des clients. Il est même allé repérer les lieux avant la soirée. Sincèrement, je trouve Alex un peu zélé, puisque la menace du Balsero ne pèse plus sur moi. N'a-t-il pas été gracié?

Autour de la table, la conversation tourne autour de la fête de l'an passé. Un vent de tristesse souffle sur nous. Pour la première fois, mes employés osent me parler de la façon dont ils ont vécu ces événements. Ils avaient préféré garder le silence pour respecter ma douleur. J'observe que seul le jardinier aux mains blanches ne participe pas à la conversation. Poli et silencieux, il nous regarde. C'est aussi le seul, mis à part Alex, qui n'a pas bu d'alcool.

— Frederico, tu ne bois pas?

— *Doña*, c'est contre ma religion.

— De quelle église fais-tu partie?

Frederico me dit le nom d'une des multiples dénominations religieuses de l'île. Les Dominicains sont avant tout catholiques, mais certains prient Dieu selon d'autres rites. Un autre jardinier m'apprend que Frederico est pasteur. J'en suis fort étonnée. Mon jardinier est un pasteur ! Je pose alors les yeux sur ces mains qui m'ont toujours fascinée par leur blancheur. Ce mystère vient donc d'être élucidé.

— Comment un pasteur peut-il être jardinier ? Comment trouve-t-il le temps de travailler la terre tout en s'occupant d'un temple et de l'assemblée des fidèles ?

Un peu embarrassé, Frederico essaie d'éluder ma question, mais, sans savoir pourquoi, je ressens le besoin d'insister. Il finit par me répondre :

— J'avais besoin d'un passe-temps.

Magnifique mensonge ! Les autres employés s'esclaffent, sauf Frederico. Alex, qui ne comprend pas un mot d'espagnol, m'interroge du regard. Fin limier, il sent un malaise. Même le jardinier aux mains blanches semble rougir de son mensonge.

— *Todo va bene*, dis-je en italien à Alex, pour détendre l'atmosphère.

Il est temps de partir et je demande l'addition, puis j'éprouve un besoin urgent d'aller aux toilettes. En me dirigeant vers l'arrière du restaurant, je sens qu'Alex me suit du regard. Je lui fais signe que tout va bien, puis, me rendant compte que j'ai oublié mes kleenex, je fais demi-tour. Je découvre Frederico assis à côté de ma chaise. Il prend mon bras de ses mains blanches et me glisse à l'oreille :

— Le Balsero te fait dire qu'il va maintenant te laisser tranquille. Tu peux vivre en paix.

Sidérée, je retire mon bras. Frederico se lève et retourne à sa place. Les kleenex à la main, je file m'enfermer aux toilettes.

Mon corps tremble comme s'il comprenait ce que mon esprit n'est pas certain d'avoir entendu. Quel choc !

Mon cerveau analyse les nouvelles informations. Des liens se font. Cet employé a été engagé une semaine après la mort de Nataraj. Cela fait donc un an qu'il m'espionne. Je comprends maintenant pourquoi, en août dernier, le Balsero est revenu. Son espion l'avait prévenu de mon retour.

— Recentre-toi, retrouve ton calme, me dit la voix intérieure.

— Marie Lise, est-ce que tout va bien ?

La voix d'Alex traverse la porte des toilettes.

— Oui, oui, je te raconterai. Je sors.

Ensemble, nous retournons dans la salle. Son visage est inquiet, le mien a perdu son bronzage. La chaise du jardinier aux mains blanches est vide.

— Où est passé Frederico ? dis-je d'une voix faible.

— Il est parti, me répond d'un ton léger Tina, ma cuisinière.

Devant moi se trouve un verre de rhum offert comme digestif par le proprio du restaurant. Je le vide d'un trait sous le regard médusé de mes employés qui en font autant. La chaleur de l'alcool apaise mes tremblements.

— *Doña*, tu savais que Frederico nous quitte ? Il retourne auprès de ses fidèles. C'est Noël, il sera trop occupé pour reprendre son poste. Mon cousin pourrait le remplacer.

La voix de Pedro, mon autre jardinier, me parvient au ralenti.

— Où est son temple ?

— Loin dans les montagnes.

C'est donc là-bas que vit le Balsero maintenant.

CHAPITRE 83

Le cri du corps

Saint-Domingue, République dominicaine,
le 30 décembre 2001, 22 h

Je raccroche, inquiète. J'espère qu'il n'est rien arrivé de grave à
Sue et à Marc, qui ne sont pas encore arrivés à destination.
Ont-ils eu un accident de voiture? Je me sens incapable de vivre
une nouvelle épreuve. Mon inquiétude vire à l'angoisse. Alex me
prend dans ses bras. Depuis quelques heures, il essaie de me faire
parler de toutes les impressions qui me traversent. Mon garde du
corps est devenu mon thérapeute! Je ne connais pas le processus
d'intervention qu'il utilise avec les victimes de traumatisme.

Je me sens sombrer dans une forme d'angoisse irrationnelle,
comme si je revivais le drame de l'année précédente. J'ai peur,
peur d'affronter à nouveau la mort d'un être cher. Pour calmer
les tremblements de mon corps, Alex me fait prendre une douche
chaude. J'aurais plutôt envie de vider une bouteille de whisky.

Enveloppée dans une robe de chambre de l'hôtel, je me
laisse bercer par Alex pendant que je pleure. Sa poitrine me
rassure, son énergie me sécurise. Je sens sa peau, j'entends sa
voix me répéter:

— Allez, allez, laisse aller, lâche prise.

Je sens monter de mon bas-ventre une énergie sexuelle puissante qui éclate tel un geyser. Je suis remplie de désir pour cet homme qui me protège et qui m'enveloppe de ses bras, de son corps. Mes lèvres cherchent les siennes pour l'embrasser éperdument. Ce baiser de désespoir balaie tout ce que j'ai refoulé depuis un an. Mon corps se liquéfie. L'énergie est si forte que je me sens perdre conscience. Je m'entends lui dire :

— Prends-moi, prends-moi.

Je prononce les mêmes mots que ceux dits à Paul un an auparavant. Cette fois, ma demande sera entendue. Alex comprend ma fureur de vivre. Il ouvre mon peignoir et me fait l'amour avec douceur et force. Je sens monter, et monter en moi la jouissance refoulée. Je me laisse aller. Je suis en sécurité. Je l'entends me dire :

— Je suis là, je suis là avec toi.

Son corps d'homme enveloppe mon corps de femme triste et épuisée par la douleur profonde de ne pas être aimée dans sa chair. Mes cellules se fondent aux siennes, j'ai cette impression d'être collée à lui. Je suis une source d'énergie en expansion. Puis vient le cri.

Est-ce ma voix que j'entends ainsi ? Oui, c'est moi qui libère ma vie.

CHAPITRE 84

La robe lunaire

Saint-Domingue, République dominicaine,
le 1er janvier 2002, 0 h 30

Je tourne, je tourne sur cet air connu de salsa. Mon cavalier a le visage couvert d'un fond de teint épais, tel le masque d'un acteur de théâtre japonais nô. Âgé de 70 ans, Juan, mon *salsero* gay, qui adore se déguiser, a conservé sa souplesse de danseur professionnel. Portée par l'ivresse de la danse, je savoure le moment. Au fond de moi, je sais que le chemin de la libération passe par l'expérimentation consciente de la joie.

Nous sommes sur une des places publiques de la zone coloniale de Saint-Domingue. Juchés sur une estrade, entourés par les palmiers, les vieilles pierres et la pleine lune, nous sommes les seuls à oser danser devant les gens. La nuit de cette fin d'année est pleine de sensualité. Ma longue robe lunaire en soie virevolte autour de mes jambes. Nous nous laissons porter par le rythme lascif de la musique.

Sue et Marc, mes amis, sont sains et saufs. Ils étaient tombés en panne et c'est ce qui les a retardés. Mon garde du corps est là, au milieu des gens qui célèbrent la nouvelle année. Il a retrouvé des amis qui, tout comme lui, font partie de la police secrète française.

Des couples se joignent à nous. Des gens de tout âge qui célèbrent l'arrivée de 2002. Je laisse derrière moi 2001, l'année la plus initiatique de ma vie. Ma guérison n'est pas terminée. J'ignore ce qui m'attend sur ce chemin moins fréquenté. Ce que je sais, c'est que je suis libre. J'ai enfin libéré mon corps de son carcan de condamnation inconsciente. Mes cellules se sont ouvertes de nouveau à la sensualité, à l'amour, à la jouissance.

Il y a une vingtaine d'années, l'arthrite a verrouillé mes hanches, m'empêchant de marcher, de danser, de faire l'amour. J'ai pourtant réussi à guérir. Et, maintenant, j'ai en moi la force de choisir de vivre à nouveau, de cheminer avec l'épreuve, comme avec une amie. Réépouser la vie, c'est ce que j'affirme en dansant, alors que la joie pénètre mon âme.

La main droite de Juan est sur ma taille. D'une pression des doigts sur la colonne vertébrale, il m'indique les figures de salsa : un mouvement de pas vers l'avant, suivi d'un mouvement de côté. Dans les airs, son autre main offre un contrepoids solide à ma flexion dorsale. Cette même main, par un autre mouvement des doigts, me fait tourner, une fois, deux fois, trois fois. Ses doigts agiles me guident et m'indiquent la grandeur des cercles. Tourner tout en restant près du corps de son partenaire est la grande difficulté de cette danse. Puis Juan me ramène au rythme scandé. Je m'abandonne à la mouvance.

Des gouttes de sueur coulent sur le masque blanchâtre de mon partenaire. Ses yeux sont pétillants de vie et de rhum. À la vue de son visage, un éclat de rire jaillit de ma bouche. J'ai l'impression que cette danse est sans fin.

Soudain, mon *salsero* perd l'équilibre sur une irrégularité du plancher de bois. Juan se rattrape de justesse et retrouve le rythme. Étonnamment, mes jambes ont maintenu la cadence,

alors que mes bras l'accompagnaient dans sa chute. Le redres-
sement spectaculaire du *salsero* nous vaut des applaudisse-
ments. Quel clin d'œil de la vie, ainsi faite de mouvements,
de chutes possibles et de réajustements ! Il faut de la souplesse
pour aller de l'un à l'autre. Je ne sais pas ce qui m'attend, mais
je suis persuadée d'avoir la souplesse nécessaire pour accompagner pleinement la danse de mon existence.

Conclusion

Montréal, le 12 novembre 2010, minuit

*P*ar notre correspondance, Marie Lise et moi réalisons que nous sommes toutes les deux gardiennes d'éléments qui composent notre histoire. En les partageant au quotidien, ces éléments, devenus textes, permettent à notre récit de prendre tout son sens et nous apportent une plus grande compréhension des événements que nous avons vécus.

J'ai appris que ce cri dans la nuit, entendu au loin, était le mien. Soumise au choc et au coup de feu qui m'avait assourdie, j'avais eu l'impression que ce cri provenait des montagnes, alors qu'il faisait le chemin inverse et que j'alertais la montagne. Cette nuit-là, j'ai perdu la voix, l'espace d'une seconde, sans en être consciente. Cette balle a pris la vie de Nataraj, de Marie Lise, un peu de tous ceux qui l'aimaient, et ma voix.

Avec moi, à Montréal, j'ai ramené la culpabilité, et, sous son poids, je n'ai plus été capable de projeter ma voix. Celle qui provient des profondeurs de notre âme, celle qui fait de nous des êtres uniques, celle que je porte depuis toujours. Comme elle ne venait plus, je me suis mise à écouter de la musique soul, qui fait vibrer le corps entier, le cœur. Constamment à la recherche de cette vibration, collectionnant celle des autres, je pleurais en les écoutant et vivais joies et tragédies à travers elles. Puis j'ai eu besoin d'aller à la rencontre des autres, d'écouter leur musique, celle que je ne produisais plus. J'errais seule,

dans les rues, dans les bars, à la recherche du bruit, d'une symphonie.
Remplacer ce vide, cet assourdissement par une marée de sons. C'est
en apprenant aujourd'hui que ce cri était le mien que je comprends la
perte, le silence, la recherche, puis enfin l'harmonie.

 Ce soir, j'ai chanté. Des amis, une guitare et moi ; ma voix
retrouve la musique naturellement. Moment de grâce. À travers
leurs chants purs, j'entends le mien, mon chant. Puis je le projette,
tel quel, comme je le sens à l'intérieur.

Villa L'Hacienda, le 29 décembre 2010, 20 h

 — Manuel, quelle est la traduction en espagnol de ces
deux phrases ? Julie a besoin de mettre les mots du colonel de
la police dans leur langue d'origine.

 Je regarde Julie éclairée par la lumière des bougies. Elle
acquiesce d'un mouvement de tête.

 Manuel, mon intendant, nous traduit les deux phrases du
chapitre intitulé « L'interrogatoire ».

 — Puis-je vous poser quelques questions sur cette nuit-là ?
demande-t-il avec douceur.

 Comme beaucoup de gens qui vivent dans le petit village
voisin de Puerto Juan, il ne connaît pas les détails de la mort
de mon mari.

 Julie, assise dans le grand canapé blanc du salon, sirote
son verre de vin. Elle a grandi depuis dix ans. C'est maintenant une femme qui raconte son expérience. Son interlocuteur écoute attentivement. Soudain, il prend la parole.

 — Après avoir été libéré, le Balsero a tenté de revenir à
Puerto Juan, mais les gens lui ont fait comprendre qu'il n'était
plus le bienvenu. Il a vécu une forme de rejet de la part de la
communauté.

Julie et moi avons les yeux rivés sur Manuel. Je retiens instinctivement ma respiration. C'est la première fois en neuf ans que quelqu'un me parle du Balsero. D'une voix profonde, Manuel dit :

— Le Balsero est maintenant de retour en ville. Il a ouvert un commerce sur la route nationale.

Manuel nous décrit l'endroit où il travaille.

— J'ai toujours eu l'impression qu'il n'était pas loin.

La voix de Julie est tendue par l'émotion. Son regard se pose sur moi. Elle poursuit :

— Tu sais, Marie, je te demandais souvent où pouvait être le Balsero, et tu me répondais qu'il était loin dans les montagnes. C'est drôle, mais j'ai toujours su qu'il était tout près.

Mon regard balaie la scène. Les visages de Manuel et de Julie, entourés des illuminations de Noël, sont empreints de gravité. Ils attendent.

— Manuel, es-tu en train de me dire que le Balsero, l'homme qui a tué mon mari, vit et travaille à quelques kilomètres de chez moi ?

— Oui, *señora*, mais je croyais que tu le savais.

D'une voix atone, je lui réponds que personne ne me l'avait dit. Manuel nous propose d'aller voir incognito le Balsero, dans un véhicule aux vitres teintées.

Ce que j'entends dépasse mon entendement, dépasse mon vécu nord-américain, dépasse tout ce que je connais. Je pense soudainement à ces femmes et à ces hommes qui vivent en présence des meurtriers de leurs enfants, de leurs familles, et qui sont obligés de les saluer, de les côtoyer.

La vie vient encore de me surprendre. Quelle synchronicité avec l'écriture de ce livre !

Jamais je n'aurais pensé vivre cette expérience.

Puerto Juan, le 30 décembre 2010, 14 h

Un homme aux cheveux courts et aux tempes argentées sous sa casquette rouge est debout dans sa boutique. Il sourit à des gens qui lui parlent. L'auto de Manuel avance lentement, l'homme est maintenant à ma droite.

Ce que je vois imprègne mon cerveau, je touche la cuisse de Julie assise à mes côtés. C'est lui, c'est bien lui, je le reconnais. Julie le confirme.

Il semble heureux. Son sourire est détendu, authentique.

Je suis fascinée, car cette image est exactement celle que je demande à mes patients, atteints de ressentiment, de cultiver. Visualiser la personne qui, selon leur perception, leur a fait du tort et à qui ils en veulent, et l'imaginer heureuse pour s'en détacher, pour se libérer de l'emprise de la haine, de la vengeance, et surtout du ressentiment, ce venin, agent destructeur de l'amour et de la vie.

C'est la visualisation du ressentiment dont je parle dans plusieurs de mes ouvrages.

Ne suis-je pas en train de mettre sur papier le récit de cet événement ? Hier, j'écrivais le chapitre sur ma mère. Je me suis rappelé combien nous avons souffert. Et, maintenant, il est là devant moi ; seule une vitre teintée nous sépare. Est-ce que j'en veux à cet homme ? Cet homme dont le geste a transformé non seulement ma vie, mais aussi la vie de ma nièce, celle du fils de Nataraj et des membres de toutes les familles éplorées. Un geste qui a aussi transformé sa vie à lui.

Je serais tentée de lui en vouloir maintenant, après dix ans, après toutes ces pages écrites, après des heures consacrées au témoignage avec ma nièce où j'ai pu palper ce qui nous reste de souffrance. Oui, j'aurais maintenant une raison de le maudire, car je viens de revivre en mémoire les pires moments de ma vie.

Quelle illusion ! À quoi me servirait maintenant de nourrir de la haine pour cet homme qui fut, comme nous tous, un grand instrument ?

Puis-je vivre en sachant qu'il vit à quelques kilomètres de chez moi ?

Suis-je attachée à mon passé ?

Où est mon regard ?

Depuis dix ans, presque tous les jours, chaque fois que je me rends à la Playa Grande, je tourne la tête à gauche pour regarder le cimetière d'Abreu, où Nataraj est enterré. Étrangement, la vie me donne maintenant une raison de tourner la tête à droite, en quittant Puerto Juan, pour voir l'homme qui a tué mon mari

D'un côté, la dépouille de l'homme assassiné et de l'autre, l'homme qui l'a tué. Tous les deux, en dix ans, ont vécu une transformation. La dépouille de mon mari doit être réduite à un amas d'ossements et l'homme qui l'a tué a pu réintégrer sa communauté. Il a maintenant un travail honnête.

En conscience de ces deux êtres, où en suis-je dans ma transformation ? Où en est le phénix qui renaît de ses cendres ?

Je choisis de regarder devant moi.

Pour plus d'informations sur l'auteur et
sur cet ouvrage : www.marieliselabonté.com
et www.derrierelerideau.com

Pour plus d'informations sur Julie Côté :
www.juliec.ca

Table des matières